当代中学生自我教育研究

张世彬　著

中国商业出版社

图书在版编目（CIP）数据

当代中学生自我教育研究 / 张世彬著. -- 北京 :
中国商业出版社，2023.7
ISBN 978-7-5208-2564-1

Ⅰ. ①当… Ⅱ. ①张… Ⅲ. ①中学生－自我教育
－研究 Ⅳ. ①G635.5

中国国家版本馆 CIP 数据核字(2023)第 141642 号

责任编辑：朱丽丽

中国商业出版社出版发行
（www.zgsycb.com　100053　北京广安门内报国寺1号）
总编室：010-63180647　　编辑室：010-63033100
发行部：010-83120835/8286
新华书店经销
北京虎彩文化传播有限公司印刷
*
710 毫米×1000 毫米　16 开　11.75 印张　200 千字
2023 年 7 月第 1 版　2023 年 7 月第 1 次印刷
定价：48.00 元
*　*　*　*
（如有印装质量问题可更换）

前 言

自我教育是当代教育理论与实践所关注的热点课题之一。现代教育理念认为学生应该是教育的主体，因此，促进中学生的自我教育和提高中学生自我教育能力应是素质教育的核心目标。培养中学生的自我教育能力对于提高初中教育质量、深化初中教育改革和中学生的健康成长都有着非常重要的意义。初中是个体身心发展成熟的关键期，也是个体由自然人转变为社会人的过渡时期。在这个“准成人”向成人的转变过程中，大多数中学生有强烈的自主意识。他们非常渴望独立，想要摆脱家庭和学校的束缚，期待能够融入社会；他们求知欲旺盛，能快速接受新生事物并开始主动地进行思考；他们一般对空洞的说教有较强的逆反心理，这个时期的个人角色意识渐渐增强，中学生也主动探索和构建同一性发展。因此，中学生个人发展责任繁重，不仅需要中学生单个的力量，还必须得到外界的支持。学校和社会的支持很重要，但来自父母的支持同样不可或缺。而与子女进行有效的沟通是父母给予支持的重要途径。通过对以往亲子沟通与中学生的自我教育发展的研究结果发现，两者密切相关并呈现双向互动关系。

无论是过去到现在，还是现在到将来，自我教育始终是教育界一个重要的话题。随着历史的变迁，几代人的探索，这一课题也终在岁月的褴褛中结出些许骄人的硕果。然而，时代的更迭却不断地对自我教育理论提出新的要求。同样在时间的流逝过程中，现在也终将成为过去，但自我教育的重要性不会流失。它是教育界的常青树，这也是人们对自我教育重要地位的共识，岁月的变迁并没有使它凋零，而是不断赋予它新的生命。

中学生一直被认为是个体心理发展的关键期和“危机期”，无论是从学业上还是从心理上，此时期的学生都需要得到家庭、学校和社会的关注与引导。家庭环境给中学生身心发展提供指导和帮助的有效方式是自我教育，发展的协助对象主要是父母，因此对于亲子沟通和中学生自我教育的双向互动的研究，是针对一系列现实问题而急需研究的课题。但是参阅相关的研究成果，发现公开研究亲子沟通和自我教育的很多，但把两者结合起来的研究相对较少，尤其是针对敏感的中学生阶段研究两者之间的双向互动关系的少之又少。

本书共七章，分别从自我教育现状及相关概念、中学生自我教育的意义及内涵、中学生自我教育开展的必要性、中学生自我教育要遵循的原则、亲子沟通与中学生自我教育、网络学习与中学生自我教育、中学生自我教育开展策略对当代中学生自我教育开展了研究。

山东省济南西城实验中学　张世彬

2023 年 5 月

目　录

第一章 自我教育研究及相关概念

第一节 国内自我教育研究

什么样的教育能促使学生全面发展？这是整个教育界思考的重要问题之一。随着教育理念的不断更新，现代教育的重要内涵无疑是突出学生的主体地位，并把促进学生主体发展的自我教育作为素质教育的核心目标，因为任何教育的最终途径都要以自我教育为基础。在教育过程中只有巧妙地把对学生的教育转化成其内在自我教育的需要，教育目的才得以实现[①]。我国著名教育家叶圣陶说："教育的目的就是为了不教育。"教育家陶行知说："智育注重自学，体育注重自强，德育注重自治。"苏联著名教育家苏霍姆林斯基在《给教师的建议》中也说："只有能够激发学生进行自我教育的教育才是真正的教育。"英国哲学家赫伯特·斯宾塞指出，道德教育的目的在于养成儿童的自治能力。自律、慎独，形成受教育者知、情、信、意、行等系统构成的内在道德自律体系，

① 王海霞. 试论当代中学生德性发展中的自我教育[J]. 厦门教育学院学报，2006(04):61-63.

“使人成为他自己”，这是古今中外道德教育家所追求的最佳道德境界[①]。道德是为了人们能更好地生活，人不是为了体现道德而存在。真正人道的、合乎人性的道德，一定是有助于个体生命质量提升的道德。道德教育，作为一种培养人的实践活动，其根本任务是促进人的主体性的发展，促进人的自我教育，实现人的全面自由发展。初中阶段是人一生中至关重要的时期，在这一时期，青少年身心都发生着巨大的变化，并不断走向成熟，自我意识和独立意识不断增强，这为中学生在初中阶段培养自我教育能力奠定了生理和心理的基础[②]。但是目前初中教育普遍存在忽视自我教育的现象，导致中学生的自我教育能力偏低，从而导致初中学校道德教育低效。克服当前教育存在的种种弊端的根本出路何在？学校教育要坚持立德树人，德育为先[③]。把德育渗透于教育教学的各个环节，贯穿于学校教育、家庭教育和社会教育的各个方面。增强德育工作的针对性和实效性。教育者们把注意力集中到受教育者主体身上，集中到重视培养人的自我教育意识和能力上来。德育实效性的提高，需要把学生的自我教育作为着力点。

新的视野下，新的时期，自我教育在素质教育的要求下必将迎来新的曙光。学界也对其进行了新的研讨。新的理论也随之而来，同时，更为本书的研究奠定了一定的理论基础，在此，笔者将关于中学生自我教育的最新理论做如下梳理。马波曾在《中学生自我教育策略研究》一文中指出，中学生没有良好的自我教育环境，不论是在家庭、学校还是在社会中，自我教育都没能得到良好的体现。向芳则在《亲子沟通与中学生自我教育的双向互动》一文中对家庭在中

① 徐晓荃.将道德教育中的单向灌输转变为参与式道德实践[J].太原科技，2002(05):15-17.
② 向芳.亲子沟通与中学生自我教育的双向互动[D].湖南师范大学，2012.
③ 方利美.班集体中学生自我教育能力的培养[J].山西教育(教学)，2012(04):47.

学生自我教育中的重要作用做了进一步细致阐述，他指出，初中阶段，学生与父母的沟通出现了不该有的障碍，并试图通过亲子双向互动的方式来加以解决。另外，王广红在《关于中学生自我教育的研究》一文中，发现了现在中学生缺少有效的正确引导，并提出通过加强班级自身自我管理体系来帮助解决这类问题。田花在《自我教育形成的内外因素探析》一文中，通过对家庭、学校以及社会三方的整体细致论述总结出了学生在生长阶段时三大环境的独特作用，但对于学生自我教育本身存在的现实问题并没有进一步提出相应的解决措施。而韩永红的博士论文《论自我教育》一文中分别从宏观、中观、微观的角度对整个人类的自我教育体系做了详细的阐述，她指出在学生的自我教育中，自我是被忽视，并未被完全发掘的，因此需要后人不断地努力，真正在自我的基础上尝试人类自我的追求，最终完成促成人类文化的传承。

关于提升中学生自我教育的一般方法，吕兴旺在《关于中学班级学生自我教育、自我管理的研究》一文中指出，通过班级干部轮流担任制，充分发挥每个人的积极性，在集体的氛围中使学生意识到自我，进而发展自我教育①。刘晓月也曾在自己的《中学教师自我教育水平对其课堂管理方式的影响研究》硕士学位论文中提出了中学生自我教育的一般方法，要求教师的工作应更加人性化，并在此基础上通过课上与课下的反转，教师与学生之间的角色反转，帮助教师与学生提高对自我教育的认识，从而整体改善课堂授课的效果。并且在这种良性循环下促进教师自信心的同时，也进一步加强了学生自身的素质②。王晶晶在《儒家修身思想对大学生自我教育的作用研究》一文中更倾向于从心理的角度来探索提高学生自我教育能力的方法。他着重分析了儒家思想的精神高

① 于建国．初中学生班级自主管理实施策略实践研究[J]．启迪与智慧(中)，2021(12)：94-95.
② 崔天宇．浅谈中学生自我教育能力的有效培养[J]．教育教学论坛，2020(03)：60-62.

度，并结合了现在流行的价值观，通过调节和转变学生的态度，使其符合自我与儒家的共同思想，从而达到提升学生自我教育能力的目的[①]。

关于学生自我教育的价值观定位，邢宝君在《引导大学生自我教育的实践策略》一文中倡导，任何形式的教育，都要在尊重自我的前提下才能达到最优的效果，任何附加的、不人性化的方式，都有可能造成物极必反的后果，他要求教师应注重学生自我教育的价值引导，让学生明白自我教育的好处，才能有效激发其自我教育动机。郑和钧在《论自我意识与自我教育》一文中，深刻阐述了自我意识与教育之间的递进关系，自我教育应建立在自我意识之上，因此又造就了意识与教育的从属关系。然而，人们往往忽视对学生自我意识的培养，进而造成了学生自我教育途径的堵塞。因此，他强调意识为先，个体的自我意识应该得到尊重，应该得到鼓励，应鼓励学生自我意识的发展，让他们乐于发现自我，乐于教育自我。

与国外相比，我国的自我教育研究有着更为悠久的历史，它可以追溯到先秦时期。综观中国的自我教育研究，也可以根据研究特点把它分为三个阶段：第一，自我教育思想的提出阶段（1920 年以前）；第二，自我教育的初步实验阶段（20 世纪 20 年代至 70 年代）；第三，自我教育的系统研究阶段（20 世纪 80 年代至今）。

中国古代学者很早就意识到了自我教育的重要性，他们认为学贵在自求自得。例如，先秦时期的孟子指出："君子深造之以道，欲其自得之也。自得之，则居之安；居之安，则资之深；资之深，则取之左右逢其原。故君子欲其自得之也。"朱熹也说："道不能安坐等其自至，只待别人理会，来放自家口里。"

① 钟青苹.儒家修身思想对当代大学生道德人格构建的影响[D].暨南大学，2020.

“读书是自家读书，为学是自家为学，不干别人一线事，别人助自家不得。”依他的看法，做学问主要靠自我教育，不能依赖别人代做。清代的王廷相明确提出了自我教育对个体毕生发展的重要性，他指出：“自得之学可以终身用之，记闻而有得者，衰则忘之矣。不出于心悟故也。故君子之学，贵于深造实养，以致其自得焉。”

在近代时期，中国的一些教育家在继承中国古代的自我教育思想的同时，开始接受西方实验主义的教学思想。著名教育家蔡元培先生极力提倡“重启发学生，使能自动研究”的教育方法。他说：最好使学生自学，教者不宜硬以自己的意思压到学生身上。他主张教育学生时，要使学生能够做到“自动”“自学”和“自觉”。“最好是引起学生读书的兴味，做教员的，不可一字一句地都讲给学生听，最好是使学生自己去研究，教员讲不讲也可以，等到学生实在不能用自己的力量了解功课时，才去帮助他。知教育者，与其守成法，毋宁尚自然，与其求划一，毋宁展个性”。

1914—1915 年，为了克服赫尔巴特学派“五段教学法”机械呆板的弊端，城市中的一些中小学在一些进步教育家的推动下试行自学辅导法。但是这种教学方法的使用并不成熟，大多停留于“教师发问，儿童答之而已，至于学生能自己研究，有疑难而问者未之有也”。

从 20 年代中期到 30 年代初期，侧重培养学生自我教育能力的设计教学法、道尔顿制、文纳特卡制三种教学法陆续传入中国并且扩展到全国二十多个省，对于改善传统教学束缚学生个性、置学生于被动学习地位等弊端都起到了积极的作用。但是由于这些教学法本身存在一些缺陷，实验并没有取得理想的效果；

加上后来战乱频繁，国人在反思外来教学方法时又或多或少地存在排外心理，因此到30年代中期以后，相应的教学实验便逐步冷却下来①。

中华人民共和国成立之初，上述教学方法与实用主义思想一道被认为是资本主义的东西而受到批评。与此同时，以行政命令的方式在全国推行凯洛夫等人的“五步教学法”。教师的讲授又成了教学的中心环节，学生在课堂上少有自学的机会。

1956年以后，中国教育界开始关注盲目仿苏出现的一些问题，提出“教学必须改革”。此后十年间，零星地出现了一些引导学生自我教育的教学实验。

20世纪70年代末，中国的教育迎来了自己的春天。自我教育的理论和实验研究大量涌现，如青浦中学顾冷沅等人进行的“诱导、尝试、归纳、变式、回授、调节”教学法；江苏邱学华在常州进行的“尝试教学法”；南通启秀中学李庚南，进行的“自学、议论、引导”教学法；中科院心理所卢仲衡主持的“自学辅导教学”实验研究；辽宁盘锦二中魏书生实施的“六步教学法”实验；黑龙江胥长辰在“自学式”教学基础上提出的“学导式”教学；等等。这些教学实验都把“学生自学”即“自我教育”作为教学的主要环节，明确把培养学生的自我教育能力作为主要的追求目标②。这些教学实验涉及中小学开设的各个学科，而且有非常多的相关理论著作相继发表，我们的心理学者在引进国外自我教育研究成果的基础上，也开展了一系列自我教育的心理学研究，标志着我国的自我教育进入了空前繁荣的阶段③。

① 王冬霖. 谈当代大学生自主学习能力的养成[J]. 数理化学习（教研版），2014(06):9.
② 王洋. 自主学习在中学体育教学中的应用价值研究[J]. 智能城市，2017，3(01):182-183.
③ 李舒宇. 网络环境下初中数学自主学习方式构建[J]. 新课程教学(电子版)，2021(09):132-133.

第二节 国外自我教育研究

国外自我教育研究可以追溯到古希腊时期，迄今已有两千多年的历史。根据研究的特点，可以大致划分为三个阶段：一是自我教育思想的提出阶段（20世纪以前），二是自我教育的初步实验阶段（20世纪50年代—60年代），三是自我教育的系统研究阶段（20世纪60年代至今）。

一、自我教育的初步实验阶段

在20世纪之前，国外的自我教育研究主要处于自我教育的提出阶段。这一阶段的主要特点是：许多哲学家、教育家根据自己的哲学观以及学习和教学经验，提出了一些自主学习思想，但是没有进行实证研究。

古希腊时期的苏格拉底可以说是国外自我教育思想的首先提出者。在知识的获得途径上，苏格拉底指出，不能认为知识通过移植或者由教学过程就能直接转入学生的心灵，教学过程仅仅是教师协助学生产生某一些观念的过程。因此，教师的任务并不是创造和传播真理，而是要做一名“知识的助产婆”，激发学生的思维，使之主动寻求问题的答案，把存在于学生内心的知识导引出来。柏拉图和亚里士多德继承了苏格拉底的自我教育思想，如柏拉图十分强调学生学习中的自我反思，亚里士多德强调在读书过程中的自我监控和调节等①。

① 刘新龙.基于自主学习理论的现代远程教育系统设计[J].焦作大学学报，2009，23(04):99-100.

近代教育理论的奠基人、捷克著名教育家夸美纽斯认为，教学的进行要尊重儿童的学习兴趣，鼓励儿童的自我教育。他认为，对于儿童来说，求知的欲望是很自然的，因此不能用强制和惩罚的方法来强迫儿童学习，教师应该采取一切可能的办法来激发儿童对知识和学习的强烈愿望，引导他们自我教育。他曾把所有的教学原则简化为三条：第一，循序渐进；第二，让学生自己检验每一件事，而不是在成人面前放弃自己的权利；第三，让学生根据自己的主动意愿行事“自己干”，这一思想认为学习者的自我教育、自发探索处于教学的中心地位。

法国自然主义教育思想家卢梭也十分强调学生的自我教育。他对命令主义和填鸭式的教学深恶痛绝，认为教师不应该给学生规定学习什么，不学习什么，而是应该设置情境，给学生以启发性的指导，激发学生的学习兴趣，让他们自觉地去学习，养成独立判断和独立思考的习惯。他认为，要培养学生的自我教育能力，重点要激发学习兴趣和培养学习方法。他在自己的教育小说《爱弥儿》中指出：“问题不在于教他各种学问，而在于培养他有爱好学问的兴趣，而且在这种兴趣充分增长起来的时候，教他以研究学问的方法。毫无疑问，这是一切良好教育的一个基本原则。”

英国著名教育家斯宾塞本身就是靠自学成才的，因此他尤为强调，并且坚信儿童有独立自主的学习能力。他推断，如果学习科目的顺序和形式安排得当，具有一般能力的儿童也完全可以克服困难，独立进行学习。他主张在教学过程中，教师要相信学生，善于启发学生，使学生进行独立观察和思考。他极力提倡用独立地发现法来培养学生的独立学习和探索能力，认为教师应该引导学生自己进行探讨，自己去推论。给他们讲得尽量少些，而引导他们去发现尽量多些。斯宾塞还认为，通过自我教育获得的知识比通过其他途径获得的知识保持得更牢固；在学校中养成的自我教育能力和习惯，也有利于学生毕业后的自学。

在20世纪之前，西方教育家尽管已提出了十分丰富的自我教育思想，但是这些思想主要停留在理论辩论水平上，并没有通过实证研究来检验其实效。

二、自我教育的初步实施阶段

20世纪初，自我教育研究进入了初步实验阶段，其特点表现在：教育学家、心理学家在深入批判传统教学使学生消极被动学习的基础上，突出了学生自我教育的重要地位，初步确立了有利于学生自我教育的教学模式，并且在教学实践中予以检验和推行①。

从20世纪初到60年代，关于自我教育的研究基本属于这一范式。美国教育家约翰•杜威和心理学家伯尔赫斯·弗雷德里克·斯金纳分别为自我教育的初步实验研究做出了巨大贡献。杜威对学生的自我教育研究大大超出了前人。他对学习心理的研究主要集中在思维能力的培养和“做中学”两方面，杜威所提倡的思维是反省思维，它不仅包括对情境的观察、思考、假设、推理，也包括对已有经验的更新、改造及整合，是一种有目的的、审慎的、自我调节的思维。杜威认为，学生的思维能力发展是通过主动探索实现的。主张教学中要给学生以自由和民主，给他们自主探求知识的机会。他批评了赫尔巴特关于教师通过教学向学生灌输教材内容，从而促进学生观念形成的主张。他认为，赫尔巴特的教学观忽视了教学过程中学生的主动性，只把学生看作被动接受知识的容器，致使学生缺乏“行动”的机会。以这种观念为指导的教学过程强调教师的

① 潘嵘.内蒙古师范大学非英语专业蒙古族大学生自主学习能力的调查与研究[D].内蒙古师范大学，2008.

绝对权威和教材的正确无误，因而很难促进学生的独立思考和自我教育能力的发展。

杜威还对赫尔巴特学派的“五段教学法”提出了尖锐的批评，认为“五段教学法”导致了教学过程的机械化。教师在采用“五段教学法”时，常常忽视学生的个性特点，对全体学生采取同一标准、同一进度，并且希望学生像机器一样运转，在某一时间内学完规定的知识。这种做法剥夺了学生学习的自主性，导致了教学的呆板性，是“教学论中无儿童”的始作俑者。杜威认为，教学应该按照学生的思维过程进行，要给学生以更多的机会进行独立活动和思考，要按照儿童思维发展的脉络和特点安排教学内容，展开教学过程。要彻底改变传统教育的弊端，就必须实行重心的转移。教育应该以“儿童为中心”，“教师的教应该围绕学生的学来进行，而不是让学生的学围绕教师的教进行”。

20 世纪 50 年代，新行为主义学习理论创始人、心理学家斯金纳把操作性条件学习的小步子和及时强化等原则运用到教学和教材编制中，创立了程序教学。程序教学以操作条件学习为基础，它的过程始于学生自己的操作，学生对教学的开始、终结、速度等有自己的决定权，只要他操作，学习就开始，学生对整个学习过程具有较大的自主权。与传统的讲授式教学相比，程序教学更要求学生表现出自我教育的能力。由于程序教学有利于学生自学，有利于发挥学生的学习积极性和主动性，因此在 20 世纪 60 年代被美国教育界视为摆脱困境、实现教育技术现代化的一种有效途径而风行。

杜威和斯金纳都曾把自己的理念付诸实践，尽管因为过于强调学生的主体作用，忽视教师的主导作用，没有取得理想的效果，但是在一定程度上起到了促进学生自我教育能力发展的作用。这为20世纪60年代以后系统地研究自我教育奠定了坚实的基础。

三、自我教育的系统研究阶段

20世纪60年代后期，心理学领域发生的三件大事有力地推动了自我教育的研究。一是维果斯基的言语自我指导理论的价值在西方得到确认，二是信息加工心理学的迅速发展，三是人本主义心理学的兴起。维果斯基的言语自我指导理论使人们看到了自我，尤其是自我言语在学习过程中的调节和控制作用，认知心理学对学习过程的深入研究使人们可以从自我教育的内在心理过程着手研究自我教育，人本主义心理学扶正了学生在课堂学习中的主体地位。从此，自我教育研究进入系统研究阶段。

第三节　自我教育相关概念

一、自我教育的内涵

那么，何谓自我教育？目前国内教育界对此并没有统一的答案，但是根据不同的研究视角对自我教育有着不同的阐释，其中主要有以下两种。

第一种从思想政治教育学科视角论述。思想政治教育视野下的自我教育是活动、方法与过程的集合。这是大多数学者所赞同的，然而事物的演变终究体现在一个过程中。祖嘉合认为："自我教育是个体根据思想政治教育主体的要求和自身发展的要求，把自我作为认识和改造的对象，提高和完善自我道德品质和思想政治素质而进行的一种教育活动。"[①]潘柳燕认为自我教育是个体从自身发展需要出发，根据社会的价值要求，充分发挥个人主体的能动性，既自我学习，又接受他我教育的影响，使个体在品德、才智、心理、审美、体质等诸方面不断开展与完善的教育活动。她认为思想政治教育视野下的自我教育是包括教育学、心理学和德育的综合思想，应该是被赋予目的性的教育思想，在于促进人的全面发展。所以，着重突出了思想政治教育本身必须是树立培养个体自我教育能力的思想。此外，学者张玉也曾指出：虽然学者们都从不同的角度来论述，但唯一确定的就是自我教育的基础以发挥人的主体意识为前提，教育的对象是自我，自我发展的目标是通过提高理论水平与自身道德修养来实现的。

第二种从德育的角度对自我教育进行阐述。突出强调思想和行为的自觉转化是自我教育的主要特点。鲁洁在他的《德育新论》中，将自我教育看作一种用于德育教育的方法，并指出："自我教育是在教育者指导下，受教育者在自我意识基础上产生积极进取心，为形成良好思想品德而向自己提出任务，进行自觉的思想转化和行为控制的方法。"张晓静认为，自我教育是个体依照社会与自身发展的需要，发挥主观能动性，主动求教的一种教育活动。

以上两种研究视角所包含的对自我教育的认识在各自学者的理论体系中都占有非常重要的地位，随着研究的不断深入，我们可以发现：第一，自我教育强调人的主体性，但同时要求与他我教育的结合，换句话说，二者协同才能

① 杨兴国. 自我教育的反思与求索[J]. 教育探索，2013(01):23-25.

使教育本身得以实现；第二，自我教育应该被赋予目的性，而它的目的性应当与自身需要和社会需要所吻合，更应当是自身需要和社会需要的统一；第三，自我教育更深刻的意义并不局限于自我教育本身，还应起到文化传承的作用。因此它作为人类认识内化进而得以外显的重要过程，是整个人类不同于其他物种的重要因素，并且在人类个体有限的生命制约这一不可避免的条件束缚下，使人类的生命能够以另一种方式得以延续。这里不得不提到韩永红对自我教育的理解，她对该问题有更深层次的认识，她指出："自我教育本身必定也起着文化传承的作用，因为自我教育的所有功能都要在人类文化的传承和创造中才能体现出来。"当我们重新审视这些理论，除了内心带着对先辈们的无限崇敬，更应该体会到他们自身对自我教育理论的美好前景的憧憬和坚持探索之情。然而，"争议止于定义"，这是 18 世纪美国神学家内森尼尔·艾蒙斯的名言。定义会提供一个促进认识的框架，是对某一事物本质更深层次的分析和描述，有了定义，人们才有可能对事物达成共识，进而为一个特定的目标而努力。

至此，笔者本着对自我教育深刻的本质和规律尝试从思想政治角度做出严谨的反映：它是与他我教育相互结合，主动寻求个体与社会需求统一并且使得自身得到全方面发展的实践过程。其实，当人们逐一探究和思索之时，不经意间都能察觉到所谓的自我教育不单单是理论本身所描述的那样，我们不可能像自然学科一样通过固定的公式得出既定的结果，我们只是竭力在用最恰当的语言切中我们所最想表达的含义。尤其是在多种因素的作用下，能够抽象出一个一般理论本身就是难上加难，更不用说给这种具有争议的问题下个定义了。

或许基于特殊视角与多维度的要求中对"自我教育"的概念进行厘定有些困难，但是，对于充斥着模棱两可的概念使其得到清晰的有机界定是极为有意义的。第一，我们在逐渐明朗的概念中可以勾勒出它在特殊时期的特殊作用。第二，我们在这种作用的基础上将致力于使理论回归到实践的怀抱。纵然是自我教育，终其所有最具代表性的做法就是用事物本身去解决事物自身的矛盾。这种事物自身的内部调和才是对自我教育最权威的贯彻，也是最嘹亮的赞歌。

首先，从字面来看，“自我教育”分为“自我”与“教育”，“自我”是指个体自身。自我既是教育的主体又是教育的客体，是事物“自在”与“自存”的双向性整合，并表现在个体对自己一生的教育过程中。人们借由自我教育得以使外部自然事物以某种“信息”进而内化，也成为人的认识。而个体由于需求而寻求提高造成了自身精神与物质的不和谐后，通过实践和自我教育由内而外地促成人的物质精神统一，再由外而内促成新的矛盾，也依此促成了人自身的发展。这种螺旋上升的发展形式意义之一就在于自我的提升。这一复杂而又神圣的过程存在于整个人类发展的过程中，使得人的一生最终折射出了个体自我教育的一生。其次，从自我教育的产生来看，它的缘起机制来源于尚在摇篮中儿童的无意识模仿，这种6～8个月幼小个体的模仿状态映射出了早期自我教育的雏形，后来逐步发展到有意识地自我教育这种高级的心理模式，而这种由低到高的心理模式是在个体后天得到发展和需求刺激下才能产生的。需求可以分为两个方面：即存在需求和发展需求。前者是后者的前提和基础，后者是前者的保障和目的。任何生命个体亦是由这两种需求所驱动的。因此自我教育缘起于自身需求的同时，也在需求的不断刺激下鞭策着人类使其不断成长。

就自我教育的作用而言，它以一种不言而喻的方法和手段塑造着自我，同时又以一种经久不衰的教育思想不断升腾着自我，在整个人类书写文明过程中的作用更是不可小觑，与生俱来的能力是造物主对于人类的恩赐，这种神圣与它本身的作用一样是人类得以生存和发展的源泉。自我教育作为教育的制高点，不仅使得人“想学”“会学”，更是在学的基础上以一种更广泛、更深刻的寓言告诉人们“自我”以及“自我的实现”。或许人之所以特殊于其他生物并不在于人是有意识的，人可以思考，而真正让人为之骄傲的是人在世界中生存发展的精髓是人的自我教育。在人类诞生之初，天使的画笔就在人的心灵深处留下了隐形的图腾，这个图腾给予了人类两个不朽的光环：自我实现和文化传承。

二、自我教育的基本特征

张耀灿教授认为，个体的自觉性和主动性是自我教育的两大显著特征。崔竹指出自我教育的特征是：自我教育的个人性；教育目标的指向性与个体性的统一；主客体的统一；自控性与自授性的统一。

（一）自我教育的动态性

事物的产生、发展到最终覆灭，往往伴随着一系列的不确定性，而这种不确定性却成了孕育事物自身发展的温床，给予了事物终其一生优先发展下更多无限的可能，这种掺杂着是非偶然诸多因素的个体在看似随机的情况下得到发展，也在发展中一步步迈向毁灭，最后它们似乎存在，却是我们迄今为止所无法理解的方式。但是，这是事物在时间一维性的延伸。这一客观现象也同样超出我们的理解。因为我们知道时间是不可逆转的，只能相对地变快或变慢。任何超越时间一维性的事物是不存在的。

一方面，人类在自身的成长过程中，随着日常生活的日新月异，文化知识的不断内化，实践能力的显著提高，使得内在我与外在我都得到了充足的发展。

人类自身在时间一维性的有限制约下得到了惊人的发展，进而使得之后的历史不同时期，人类的发展也逐渐变快了，这得益于人类精神财富的不断积累，科学技术的飞速发展和更快的知识更新速度。但是，由于人类个体自身特殊条件水平的制约，人类成长的速度有明显的快慢之别。同理，人的自我教育即内在我的发展也有快慢之分，尤其是在极端特殊的时期，自我教育的程度也将变得相对明显，也有停滞不前的可能。因此在人类成长过程中自我教育是以一种动态方式存在的。这种动态意味着不确定性，它使得人类从刚刚降生的婴儿到懵懂的少年，再到成人和最后生命的终结，都充满着无数奇特的故事，而这些奇遇所包含着的自身同生命制约斗争所留下的宝贵遗产，是个体自我教育的结晶，它赋予人存在的意义的同时，也给了人生存的力量。自我教育在时间上是持续的，而这个持续的过程毫无疑问也是呈动态变化的。

另一方面，个体在空间上的自由决定了个体所处环境的实时变化和无限可能。在空间的自由性也决定了事物存在的随机性与必然性的统一，这种统一存在于事物的发展过程中。在漫长的人类发展历史过程中，随着人类社会的日益革新，人类所处的环境也在不断变化。纵观人类历史发展脉络，从原始人类初期艰难地存活到现在繁华的人类都市和发达的科技，人类在改变自身环境的同时也在不断地提升自我，不论是人脑的生理基础还是建立在慢慢优化的生理基础上所孕育而生的知识，以及所衍生出的优秀文化。整个人类群体的自我教育是呈动态提高的。同时，人类群体在不同的文化氛围中所受影响大小不一，自我教育的程度也不尽相同。开明的文化氛围中，人们更容易接纳和吸收新知识，进而内化提升自我。封闭的历史文化中人们却倾向排斥外来新鲜的事物，致使生活在这种环境下的人们很难实现自我教育，自我革新，甚至会产生文化倒退，直至衰落。因此，人类自我教育在历史上也是动态存在的。

而初中前段的学生也同样无法摆脱这种情况所产生的枷锁，在这一时期里，学生所处的环境不同不仅影响着自身的自我教育，还使得这类影响变得较其他时期表现得更为明显。这一时期的外界物质条件隐约地作用于学生自身，从而相对增强了对学生自我教育的影响。随着个体所处环境的改变，相应的个体自我意识和生活实践能力也在不同程度地发展，这种由环境的改变而造成的个体自我教育程度的不同的必然变化形式进一步说明了人类自我教育的动态变化。

（二）自我教育的特殊性

既然自主教育是呈动态趋势存在和发展的，我们便不应将其进行简单的评价和定位，而是应当选取特定的时期做即时性的特定分析、预测或推测，把握其可能出现的状况并给予有效的指导。其一，自我教育的特殊性源于个体生理的特殊性，不同的个体所拥有的不同生理基础促成了个体不同的自我教育的内在能力，从自我激励到自我调控，再到自我评价，内在的基础要求个体在成熟的过程中一方面保证着自我的发展，另一方面保持着自我特殊的发展。其二，人的经历是特殊的，任何人的发展道路都是不可复制的。在个体内在基础的前提下，个体与外界环境处在内外交流中，特殊的自我与特殊的自我经历进一步造就了特殊的自我教育，然而，终其所得我们可以发现自我教育必然是为个体发展所服务的。同样，自我教育的作用是为了个体得到应得的提高。因此，对于认清自我教育的特殊性而言，从其特定的目标入手准确反映出并把握自我教育的特殊性，是我们将理论付诸实践的先行条件。

自我教育的特殊性让个体的存在呈现多样化，个体发展多样化，而回归到个体视角下的自我则更需要明确这种特殊性，在人类各自不同于他人的实践过程中，自我与自我的碰撞使特殊与特殊得到交流，同时人类也在特殊中寻求着特殊的统一。至此，就更能发现自我教育在时间一维性过程中是独一无二的，这种特殊性在阶段性自我教育目标的确定和实现中得到刻画。这种阶段性更告诉我们，人的自主教育体现的同时，也埋藏着个体特殊的渴望。人们在需求的基础上才产生了自我教育。需求与需求之间的特殊性也印证了自我教育的特殊性。

同样，对于自我教育这样内涵因素显著的概念，其反映必然不能脱离特定的时期和环境限定。它的即时性是它的又一大特性，而它的特殊性是其本身即时性所导致的必然结果。

（三）自我教育的独立性

自我教育缘起于内外因素的共同作用，但在整个自我教育过程中教育者和受教育者都是个体自身，其中包括自我调控、自我监督，甚至是自我激励、自我评价等阶段都是个体在主我与客我的双向作用下独立完成的。这种双向性一方面体现了自我对自我的教育输入，另一方面体现了自我对自我的教育输出，个体由外而内地内化，再由内而外地外化必须以自身的独立性为基础，对于外界持续的信息输入如果无法内化则是毫无意义的，同样过度内化而无外界信息输入也是白费力气的。两方面的信息互通的量应是相等的，而在自我教育即时动态化的条件下，只有存在独立性才能达成。

从哲学视野回归到宏观世界中个体人的角度来说，最初的个体只是着眼于外部世界，他注视着外面的每一个事物，他人、自然、世界，从最初的模仿过程中达到了只属于唯独人所具备的独立和自觉的状态。直到有一天他发现了一个比以往更难看到的，只有在镜中与自己的内心世界中才能看到的物体——自我。继而人开始追求自我，在追求自我的过程中必定逐渐变得独立。个体在自觉、自省、自评、自升的一系列过程中必须独立地进行深刻的自我整合，同时独立过程中也时刻浸染在与外界事物的关联中，于是，个体交织在独立与关联的矛盾中，这就需要暴露在尘世中个体的自我教育来进行调和。一个人只有升华到了一定程度才会试图了解自身，而这种程度必须建立在人具有独立性的基础上，独立性是自主能动性产生的摇篮，只有自主能动性的产生才能在重重迷雾中摒弃人类自身的无知和傲慢，才能让自我教育的真相最终显现。因此人的独立性通过自我教育这一过程而体现，同样，人的独立性也保证了个体自我教育的顺利进行。

三、自我教育的产生及作用

郑永廷教授探讨了自教自律的实现条件。以自教自律的方法进行自我教育的同时进一步提升认识现在自我、坚持自我学习、进行自我调适、开展自我反思的能力。罗洪铁教授认为，自我教育能够提高自我管理、自我修养、自我批评、自我鉴定的水平。祖嘉合教授认为，自我教育包括集体自我教育和个人自我教育。二者相互作用，相辅相成，进而帮助个体发展。闫振存在《论主体自我教育的内在机制及其对当代教育的启示》一文中分别利用印象自我与本体自我的矛盾统一，理性自我与感性自我的矛盾统一，主体自我与客体自我的矛盾统一，现在自我与过去自我的矛盾统一，理想自我与现实自我的矛盾统一构建出了个体自我教育得以产生的内在机制。另一位自我教育产生机制研究最具代表性人物之一的张晓静参照微观及宏观的思路提出自我教育的三大机制，包括重要的发生机制——自我教育意识、动力机制——自我尊严、调节机制——自我反馈，都对当今的自我教育理论产生了重要影响和铺垫。徐晨光在《思想政治工作方法创新研究》中提出产生自我教育行为的个体动力激励机制，分别提出了目标激励、荣誉激励、信息激励等方法。可想而知，自我教育的产生理论是自我教育理论体系的核心，也是该课题研究的重要方向，以上研究对我们探究个体自我教育等问题都具有一定的启示和借鉴作用。在面对时代所赋予我们新的责任与义务的同时，值得庆幸的是，信息化的现在，我们的视野变得更加开阔，在面对新问题时变得较以往更容易接受，究竟是我们在时间的长河中审视着自身历史所折射出的悔改还是造物主为我们的未来重新勾勒了愿景？在自我教育栅栏下所埋藏的源头中，我们找到了中学生自我教育新的钥匙——它的即时性、特殊性与独立性。人的一生之中，自我教育的状态是时刻变化的，这种变化体现了人与人之间的不同，体现了人自身所处在不同时期的自我教育的不同，是自我教育的特殊性，同样，在人们进行着特殊的动态的自我教育中，又是人们自己独立完成的过程。这些新的特性迫切需要我们在教育中实时地注视着，因为在中学生自我成长过程中，实践告诉我们，不同时期自我的表征与自我的发展是不同的，在这种个体发展的快速时期，我们在时刻凝视着自我教育的理论时，也别忘了理论也有脱胎换骨的权利。

第四节 自我教育研究现状和理论依据

一、自我教育理论研究现状

自我教育作为教育的热点问题之一，研究者不仅将自我教育作为理论问题，探讨它的概念、机制、特征等理论问题，还着力于对自我教育的实践问题进行研究，并有大量的研究成果。周晓岚在《新世纪中学生自我教育简论》一文中，从理论研究的角度提出“中学生自我教育”的研究任务；在理论方面形成中学生自我教育的应用性理论；深层次地探究德育工作中的若干理论问题；探索中学教育中教师角色新定位；探索中学生综合素质的结构形成、诱导方式及整合措施。

在实践方面创设中学生自我教育的宏观教育发展机制；推动学校教育教学和管理的改革；建立自我教育的动态评价体系；开展学生自主性活动等。杨培君在《谈高中生自我教育能力的培养》一文中，结合教育教学实际经验，提出从自我认识的能力、自我激励的能力、自我监控的能力、自我管理的能力四个方面培养学生的自我教育能力的方法。邱广欣、郭延萍在《培养学生自我教育能力的根本途径》一文中，提出了培养学生自我教育能力的根本途径是启动学生的内需，主要从培养学生的尊严感、耻辱感、责任感等方面来提高学生的自我教育能力。

于文在《怎样培养学生的自我教育能力》中提出培养学生的自我教育能力

要从以下几个方面努力：第一，要创造良好的自我教育环境。第二，要激起学生进行自我教育的愿望。第三，要帮助学生学会分析自己，鼓励学生写日记，引导他们把写日记当作分析研究与监督自己行动的一种途径。第四，要帮助学生制订和执行自我教育计划，使每一个学生的自我教育行动纳入一个科学的时间常数之内。第五，要充分运用舆论的力量。创造良好班风，树立正确的集体舆论。进行表扬和适当的批评，以激起学生的荣誉感和责任感，这有助于学生力求以自我激励的方式来消除缺点和培养自己的优良品质。第六，教师应严于律己，给学生做出自我教育的表率，并充分利用上述方法途径，促进学生进行自我教育，达到教育目标。周志仁在《加强学生自我教育的途径》中指出：德育的实效性的关键在于树立“以人为本、以学生为本”的学生观，增强学生自我教育的能力。这些观点从不同层面对自我教育的实施和问题进行了分析论证，并得出了自我教育的有效策略，为中学生自我教育研究提供了宝贵的经验和参考。

二、自我教育理论研究依据

（一）哲学依据

1. 认识论

人作为教育对象，不仅有思想感情，而且还生活在一定的社会关系中。作为教育客体的人具有自觉的能动性。具体表现为：第一，具有清晰的自我意识能力。教育对象能自觉地意识到自我的存在和自我的主观世界，如自己的理想、信念、感情、喜好、动机、需要等。第二，具有自我驱动的实践能力。人具有主观能动性和创造性，他们不仅改造客观世界，发明创造出只有人参与才能实现的一个个人间奇迹，而且改造自己的主观世界，使自己得到不断的完善和发展。第三，具有反躬自省的认识能力。人在认识和改造外部客观世界的同时，能自觉地将认识指向自己的主观世界，反躬自省，认识和评价自己的思想感情、喜好、动机以及在社会中的自身价值等。这种能动的自我认识能力也是人特有的。除人以外的其他动物都绝不可能将自己的主观世界，如思想意识、心理活动等作为自己反思的对象。教育客体具有的这种能动的自我审查能力为他们的自我教育成为可能提供了必要的条件。人在反躬自省的基础上，通过实践训练就能形成自我教育能力中的关键能力——自我控制能力。此外，人在作为教育客体被观察时，出于本能往往会掩饰自己身上不愿让人看到的方面，同时尽可能地展示自己身上希望别人看到的方面，结果容易导致主体对客体的观察失去客观真实性。而客体通过自身的反躬自省认识和观察到的则是一个真实全面的自我。人在认识和观察上的这种特点也说明中学生的教育和自我教育必须有机结合，才能取得教育的更大实效。

2. 内外因理论

辩证唯物主义关于内外因的理论揭示：内因是变化的根据，外因是变化的条件，外因通过内因而起作用。在中学德育过程的发展中，教育者向受教育者施加影响十分必要，受教育者需要外因的推动，但这种影响和推动毕竟是外部条件，教育者的主导能否真正发挥作用，还要取决于中学生这一内在因素的自我教育的作用。一个人思想认识的提高和转变必须经过内部思想矛盾斗争的自我教育过程才能得以实现，即受教育者思想内部矛盾斗争，努力向着教育者所希望的方向进行积极的转化。这些矛盾主要表现为内因的受教育者对外因的教育者所提出的要求和外部影响产生的道德认识与他们已经形成的内部道德水平和心理状态的矛盾。受教育者要形成与教育者的要求相一致的品德，必须有自我教育的作用。自我教育是教育过程中矛盾转化的关键环节，也是内外因得以结合作用的必经桥梁与枢纽。正如苏联教育家苏霍姆林斯基根据自己毕生的教育实践得出的结论："只有能够激发学生去进行自我教育的教育，才是真正的教育。"①

（二）心理学依据

1. 自我意识理论

所谓自我意识就是"一个人对自身，包括自身的思想认识、感情、行为、个性特点以及他我关系等方面的认识、感受、评价和调控"。在人的自我意识发展中，儿童和中老年的自我意识基本是稳定统一的。青春期到来前的儿童的自我意识主要指向外界，即以外界事物为认识对象，而不是以自身为认识对象，其心理状态是"我就是我"的简单平衡状态，内部的自我意识尚未分化，缺乏把自己作为认识客体的能力，自己还无法对自己进行深刻评价和有效调控，自我教育的需要和能力尚且不足。然而，进入青春期后的中学生的心理和生理开始走向成熟，自我意识也不断发展，呈现出新特点。该时期的学生的自我意识逐渐从认识外界转向探索自己的内心世界，而且已具有把自己作为认识客体的能力。一方面自己是观察者，另一方面自己又是被观察者，于是童年时期稳定、统一的自我便分化为理想自我和现实自我。

心理学研究表明，自我意识是自我教育的心理机制。它由自我认识、自我体验和自我控制构成，相互联系、相互制约，共存于个体的活动中，影响并制

① 薛波，苏晓萍，李贤伟. 当代大学生自我教育途径的探索与创新[J]. 中国高新技术企业，2007(07):212.

约着个体的自我教育过程。

首先，自我意识的产生与发展为中学生的自我教育的实施奠定了必需的基础，创造了可能性。自我教育的起点离不开个体正确认识自身的优缺点，自身周围的客观环境和自身成长与发展的利弊条件，离不开个体对自身情绪有自知力和自制力，对别人情绪有敏感的体验力和正确的判断力，以及能够预测他人和社会对自己的言行反应及其后果的能力等，而这一切靠的是自我意识的作用。可见，要想实现自我教育，实现自主发展的权利，就要正确认识自己，而正确的自我认识的基础就是良好的自我意识。

其次，自我意识分化后产生的理想自我和现实自我之间的不断矛盾驱动了自我教育的发展。在统一的自我分化为主体我（理想自我）和客体我（现实自我）后，主体我会不断认识、考察、评价、调控客体我，而现实自我又总是低于理想自我，两者之间的“落差”使两个自我不断产生矛盾冲突，使青少年产生不安和痛苦，他们总是努力通过自我探索以摆脱这种不安和痛苦，以达到两个自我的和谐统一，自我教育的需要也因此而产生。青少年自我意识的矛盾运动一般是按照“分化—矛盾—统一—再分化—再矛盾—再统一”的模式不断发展，直到一定的阶段才逐渐趋于稳定。自我意识从分化走向统一的过程也就是自我教育的过程。自我意识分化产生的理想自我与现实自我之间的矛盾冲突会不断激发和驱动个体的自我教育。随着中学生身心的日趋成熟，自我意识不断发展，他们自我教育的积极性和自觉性会越来越高，愿望和要求也会日益迫切。

2. 自我需要理论

所谓需要就是“个体和社会的客观需求在人脑中的反映，是个体或群体对其生存和发展条件所表现出来的依赖状态，是个体的心理活动与行为的基本动力”。美国著名心理学家马斯洛认为，人的一切行为都是由需要引起的。人的需要由低级向高级可分为生理、安全、归属和爱、尊重和自我实现五种。人的需要多种多样，从总的方面可分为生理需要和社会需要。按照需要的对象可分为物质需要和精神需要。其中精神需要和自我实现的需要是最高级的。例如，人为了获得自尊的需要或是实现自身价值的需要，往往会自觉地启动自我教育，有意识地进行自我培养和教导，不断完善自我、提高自我，以使自己能够获取满足需要的条件；相反，如果没有特定的需要刺激，人就不会主动进行所谓的自我教育。人的需要理论研究表明，人的需要是促成、引导和维持作为人的精神需要的重要组成部分和实现个体精神、自我实现需要的自我教育得以进行的最直接、最现实的基础。中学生的自主性随着身心的不断发展日益突出，自我需要的层次不断提高，他们开始追求精神需要和自我实现的需要，自我教育的需要日益迫切。

（三）教育学依据

1. 人本主义教育思想

我国的现代人本主义教育思想是以马克思主义关于人的全面发展学说为依据，以我国古代儒家人本主义教育思想传统为土壤，借鉴和吸收了西方现代人本主义教育思想的精华，在建设中国特色社会主义的大背景下逐渐发展而形成的。它具体表现为尊重、关心、理解和信任每一个学生。落实在教育、教学中，人本主义教育思想就是要形成和谐、生动、活泼、愉快、乐观、向上的教育气氛，建立民主平等、相互尊重、相互理解、协调合作的师生关系，始终视学生为教育的主体，重视培养学生的主体性，即自主性、能动性和创造性，努力根据学生的需要和兴趣开展教育，发挥教师引导者、促进者的作用，尽可能地发现学生的价值，挖掘他们的潜能，发展他们的个性。人本主义教育思想是我们实施素质教育的重要理论指导。开展中学生自我教育既体现了人本主义教育思想的精神主旨，也顺应了人本主义教育思想所倡导的教育方式[①]。

2. 学生地位的双重性

教育学指出，学生正处在成长变化之中，需要接受教育，他们是教育的对象，是教育的客体。同时他们又是教育活动的主体，具有主观能动性。在教育过程中，无论是把人类的认识成果转化为学生的知识能力，还是把知识转化为学生的思想观点、情感、态度都要通过学生的能动作用，即受教育者的自我作用，光靠教育者对受教育者的作用是不够的。学生这种地位的双重性必然决定了他们不仅要接受他人教育，更要进行自我教育。

3. 德育过程的基本规律和德育目标

首先，德育理论研究表明，德育过程是培养受教育者知、情、意、行的过程。尽管德育过程的开端具有多样性，但都离不开知、情、意、行。一般来说，其过程顺序是从知开始（即教育者向受教育者施加影响，使其产生最初的认识），通过情、意的中间环节（即受教育者通过自身的情感、态度体验，加强认识，确立一定的道德认识，产生动机，确立目标，自我调控、自我教育、自我管理），达到行的终结（即受教育者将道德认识外化为具体的自觉行为），循环往复，螺旋式地向更高的层次发展（即受教育者和教育者均通过反馈、评价受教育者行为的社会效果，促使受教育者进一步调控自我，再进行自我教育，以实现更高层次的完善和发展）。由此不难看出，在德育的知、情、意、行的

① 张则龙. 初中学生自我管理的心理问题及对策[J]. 基础教育研究，2010(18):48-49.

发展过程中始终离不开受教育者这一活动主体的参与和支持，必须有受教育者的情、意的过程，而且受教育者自我思想品德的内化直接受到自我教育能力的制约。

其次，德育作为素质教育的重要组成部分，总的来看，其根本目的可归结为培养和发展学生的素质。德的素质结构包括两个层次：一是德的社会素质，二是德的心理素质。德育的任务相应地可分为两个部分：一是培养学生的社会素质，这是保证个体有效社会化的目标层次；二是培养学生各种品德能力，包括自我教育能力，这是保证个体有效参与思想品德形成和再形成的目标层次。中学德育的双重任务虽各有侧重，但它们在培养和发展学生的素质基础上相互统一。其中，“养成和增强学生自我教育能力是思想品德教育的最终目的”。

第二章 中学生自我教育的意义及内涵

第一节 中学生自我教育的意义分析

苏霍姆林斯基提出了“真正的教育是自我教育”的命题，开拓了教育学中一个最微妙也可以说是最难以捉摸的领域。自我教育虽是一个古老的命题，但在哲学上提出主体性理论及终身教育理论后，才具有了根本性的变化。它在人类的发展和教育活动中，作为一种现象和因素早已被人们认同。

早在 1972 年，以法国前总理埃德加·富尔为首的联合国教科文组织的国际委员会提出的教育报告《学会生存——教育世界的今天和明天》中就指出：“未来的学校必须把教育的对象变成自己教育自己的主体，受教育的人必须成为教育他自己的人；别人的教育必须成为这个人自己的教育[①]。这种个人同其自身关系的转变，是今后几十年内科学与技术革命中教育所面临的最困难的一个问题。”“我们今天把重点放在教育与学习过程的‘自我教育’原则上，而不是放在传统教育学的教学原则上。”“新的教育精神使个人成为他自己文化

① 张海锋.高中化学教学中自主学习模式的构建[J].天津教育，2022(14):90-92.

进步的主人和创造者。自学，尤其是帮助下的自学，在任何教育体系中，都具有无可替代的价值。”社会的发展促使终身教育体系的建立，打破一次性教育定终身的观念，使教育成为伴随人们终身的持续不断的活动过程，成为工作、生活乃至生命的有机组成部分。

随着终身教育体制的确立，基础教育作为终身教育体制中的一个重要组成部分必将发生相应的变革。在教育目标上，基础教育不再把知识的传授作为自己的主要任务，而是把发展学生的能力，教会学生学习作为自己的首要目标，为学生的继续学习和终身学习奠定基础；在教学手段上，计算机辅助教学将越来越重要，课堂上的师生交流将更多地为人机对话所取代，学生可以超出课堂教学的限制根据自身需要随时、独立地选择学习内容；在教学方法上，面对浩如烟海而又不断涌现的知识，传统的以知识积累为主的讲授式教学和学习模式将无法应对；在教育评价上，能够发展学生的自我教育能力将是评价学校教育有效性的关键因素。可以说，在未来的基础教育中，自我教育能力将既是重要的教育目标，也将是学生获取知识、发展其他能力的重要手段和途径。

人类已进入信息社会，也可以称为“学习化社会”，科技的进步、社会的发展都必将对社会成员的能力尤其是自我教育能力提出新的、更高的要求。因此，我们有责任也有必要对与网络时代一起成长的中学生的自我教育能力进行探讨、研究。据了解，关于学生自我教育能力的相关研究很少，近期，北京教育科学研究院冉乃彦的《北京市中小学生自我教育能力的调查研究》揭开了相关研究的篇章。在建构主义学习的一系列研究（文章和作品）中，虽频繁出现自我教育能力的元素，“自我监控”“自我评价”的字眼，以之为讨论自主学习之亮点，但仅此而已。其中提到“自我评价能力”“自我监控能力”字眼的倒是很多，多数出现在教学目标或课程目标上，尤其是案例作品，而针对网络学习中学生的自我评价能力和自我监控能力进行研究的很少。而现在众多的调查（针对网络学院的大学生）结果表明：我国网络学习中普遍存在自由散漫之学风，学生的自控能力较低，学习质量不理想，更不要谈自我意识尚不稳定的中学生。因此提高中学生的自我评价能力和自我监控能力，即自我教育能力，这是时代的要求。

第二节 中学生自我教育的内涵简述

一、中学班级学生自我教育的内涵

关于自我教育，古往今来众多的研究者从不同角度、不同范畴对其进行了广泛而又深刻的研究，可谓仁者见仁，智者见智。就其概念而言，表达的方式亦有多种，并无统一界定，但其所具有的本质属性——自己教育自己，却是人们一致认同的。自我教育是教育过程中教育者与受教育者基于同一对象的特殊形态。根据自我教育的本质属性，结合中学班级教育管理的特点，从德育的范畴出发，笔者认为，中学班级学生自我教育可以理解为：中学生在自我意识的基础上，将自己作为教育的对象，根据教育者的要求，结合自身与班集体发展的需要，在教师引导下，充分发挥自己的主体性，通过自我选择、自我体验、自我评价、自我调控等过程，能动地促进个体自身与所在班集体整体政治思想道德素质全面提高，实现自身自我教育能力逐步提高的过程[①]。其具体内涵包括以下几个方面。

（1）中学生的自我意识是进行自我教育的必要基础与起点。

（2）作为教育对象的中学生具有教育客体和教育主体的双重性，具体表现为教育过程中的主观能动性。

（3）中学生自我教育目标、内容、形式在一定范围内具有自我选择性。

（4）教育方法具有明显的启发性要求。

（5）教育过程具有中学生内部的自我调控与教育者外部引导相结合的特性，内化特点显著。

（6）教育效果具有中学生自我评估与集体中他人评估相结合的特性。

（7）具有中学生个体的自我教育与班级集体的自我教育相结合的特性。

（8）中学生个体自身与所在班集体整体政治思想道德水平全面提高是中学班级学生自我教育的表层目标，实现他们自我教育能力的逐步提高则是其深层目标。

中学生在自我教育过程中形成和表现出的稳定的个性心理特征就是他们的自我教育能力。它包括自我评价、自我体验和自我控制三大能力要素。三种能力都以一定的自我意识为基础，各具功能，相互联系，相互作用，构成一个有机整体。具体而言，自我评价能力是基础，自我体验能力的形成又强化并促进自我评价能力的发展；自我控制能力是关键，它以正确的自我评价和自我体验为基础，经过一定的实践训练而形成；自我控制能力一旦形成又能反过来促进自我评价能力和自我体验能力的发展。

① 温洁.关于中学班级学生自我教育与自我管理的研究[J].教育教学论坛，2010(23):131-132.

二、中学班级学生自我管理的内涵

所谓自我管理，一般理解为自己管理自己，是一种自我调控、自我约束的行为。具体地说，自我管理是指“个体自觉地对自己的思想、心理和行为进行调节、控制或约束”。中学生自我管理包括两方面内容：一是学生个体对自身思想、心理、行为的动态管理；二是学生个体对集体社会行为的管理，以及集体作用于学生个体的交互式管理。为此，结合班级教育管理的特点，中学班级学生自我管理可以理解为：中学生在自我意识的基础上，利用班主任充分给予的管理机会、条件和指导，将自己作为管理的对象，在一定的自主权利范围内，充分调动班级每个成员参与班级教育管理的主动性、能动性和创造性，通过班级的组织机构、管理程序和活动开展自主地对全体成员的个体行为和班集体生活进行自我观察、体验、监控、调节等，努力促进外在的教育要求内化，具体管理行为有效外化，以实现班集体建设水平与自身的自我管理能力同步提高的民主教育管理实践操作过程。其内涵包括以下几方面。

（1）中学生的自我意识是自我管理的起点和基础。

（2）中学生自我管理以班级全员参与为前提，班主任要为每位成员创造和提供必要的、尽可能多地参与班级教育管理的机会和条件。

（3）班、团委干部是班级学生自我管理的组织者和领导者，是核心和骨干，班主任要重视优化班级组织结构和班级学生干部的培养。

（4）从自我管理的过程看，中学生自发的、孤立的自我管理并非真正意义上的自我管理，必须有教师的精心指导，毕竟中学生尚不成熟、缺乏经验，他们的自我管理确切地说是他们学习、锻炼自我管理的实践过程。

（5）中学生作为管理的对象既是自我管理的主体，又是自我管理的客体，是具有主观能动性的主客体的统一体。

（6）活动的开展是中学生实施自我管理的重要载体、催化的媒介，必须切实加强，同时要注意根据实际不断创新活动形式。

（7）民主应贯穿于中学生自我管理的整个实践过程，无论是教师还是学生都必须遵守。

（8）班级集体建设水平的提高是中学生自我管理的表层目的，他们自我管理能力和自我教育能力的同步提高则是中学生自我管理的本质目的。

中学生的自我管理能力就是他们在自我管理过程中形成和表现出来的对自己思想、心理和行为的调节与控制的能力。

总之，自我教育是实现自我管理的前提，它为自我管理创造和提供必要的平台，自我管理则是自我教育下的一种能力再现，是自我教育的成果和标志，自我管理促进自我教育的发展，反过来自我教育又会进一步促进自我管理的发展，两者相互包含、相辅相成、相互促进。同理，自我教育、自我管理为自我教育能力和自我管理能力的形成提供了必要的土壤，自我教育能力和自我管理能力则为自我教育、自我管理提供了有力的武器。自我教育能力和自我管理能力在自我教育、自我管理中形成、表现和发展，反过来又进一步提高自我教育、自我管理的力度，强化自我教育、自我管理的发展，两者相辅相成、相互促进，最终促进人的不断自我完善与发展。

第三章 中学生自我教育开展的必要性

第一节 中学生自我教育落实是素质教育的必然需求

多年来，初中教育受传统应试教育思想的影响很深，在教育内容上是固定的、统一的，不重视培养学生的独立思考和独立生活能力。在教学方法上采取灌输式、填鸭式，不善于实行启发式、引导式，使学生缺乏创造能力和进取精神。在一些教师的眼里，学生只是受教育的对象，而不是一个有能力自由发展的个体。这种观念使学生的主动性难以发挥，造成学生的依赖性强，把接受性的教育当成习惯，中学生自我教育能力被极大地埋没。为适应 21 世纪的竞争，我国教育界大力倡导素质教育。实施素质教育的切入点是培养学生良好的思维品质，特别是发展学生在认知活动中的自我监控能力，让学生主动学习、自主设计、自主发展。我国教育改革是一个不断赋予学生主体地位的过程，是一个回归教育本质、“还权”于学生的过程，是教育观念向以学生自我教育为中心的方向变化的过程。

确立自我教育在教育中的核心地位，加强自我教育，充分发挥自我教育的能动作用，是克服当前教育中种种弊端，真正有效实施素质教育，全面提高教育质量，促进人的整体素质全面、协调和自主发展的根本问题[①]。中学生只有进行自我教育，才能不断发现新问题、学习新知识、提出新观点、解决新问题和形成新理论，最终实现全面发展，达到素质教育的目的。

第二节 中学生自我教育落实是塑造人格的重要途径

中学生在生理上渐趋成熟，而心理上、人格上正处于激烈的冲突与形成阶段。在这个“准成人”向成人过渡的时期，大部分中学生表现出强烈的自主意识。他们渴望独立、摆脱家庭和学校过多的束缚、融入社会的意识很强。他们接受新生事物的能力强，求知欲旺盛，并开始主动地进行自我思考，同时他们对空洞的说教有较强的逆反心理。

自我教育的实质是发挥学生主体能动性和自主性作用的教育。积极引导学生进行自我教育是塑造健康人格的重要途径。人的自我意识在自身人格发展中发挥着组织者、推动者的作用，影响并塑造着人格品质结构的其他成分，制约着个人行为，任何外界的教育影响都必须通过受教育者内在积极性的发挥才能起作用。从根本上讲，人格的发展完善是个人主动自觉的过程，教育者必须充分尊重和调动学生的主体能动性，想方设法促使学生成为人格建设的主人。开展中学生自我教育有利于学生主体精神的弘扬，有利于主体人格的塑造，它为

① 黄丹，朱文.大学生思想政治教育中自我教育研究[J].现代交际，2022(10):106-112+124.

社会培养和输送的是具有积极主动精神和自尊、自信、自强、自立、自主、自律品质，以及善于思考、奋发拼搏、勇于开拓创新素质，同时又具有较强的自我教育、自我管理能力的高素质人才。可以肯定地说，也只有这样的人才在未来踏入社会时才能真正禁得起市场经济的“自由竞争，优胜劣汰”的考验，把我国改革开放的现代化事业不断推向前进。

第三节 中学生自我教育落实是德育工作的实现方法

学校德育过程是教育和自我教育的统一。受教育者在教育过程中，不是被动的接受者，而是能动的接受者。德育过程中，教育者精心选择供受教育者选择的信息，创设适宜教育活动开展的环境，根据施教活动的效果反馈调节、控制施教过程与受教育过程，必要时重新组织、发动新的施教活动。而所有这些，只有在受教育者积极主动地对现有价值体系、行为规范做独立思考、理性批判，并在理解的基础上做出自主选择，把社会合理的道德要求转化为自己的自主性、自律性的道德要求时才变得有意义。对学生的一切教育都要通过学生心理的内部矛盾起作用，当外部的教育影响被纳入学生主观反映领域，并与他们内在的需要、动机、情感等因素发生交互作用时，才能使他们“自我介入”到思想教育过程中，真正受到教育。中学生自我教育是学校德育的一个基础性环节，更是初中学校德育取得效果的瓶颈。中学生自我教育不仅有利于提高中学德育实效，而且也为中学生未来品德的可持续提高奠定了重要的能力基础，可谓功在现在、利在当代、利在未来。

值得庆幸的是，中学以往教育工作中存在的对学生自我教育缺乏重视的现象随着教育改革的深入已经有了明显改观。如今，人们对“教是为了不教”“管是为了不管”这一教育与管理的真谛有了更加深刻和清醒的认识。人们也不再仅仅把中学生的自我教育当成一种“装饰”或“摆设”，或是作为教育的一种辅助途径和方法，而是已经意识到它是中学素质教育过程中不可逾越的一个过程，是深化教改的大势所趋，必须纳入素质教育的轨道进一步加以探索和实践。正如联合国教科文组织国际教育发展委员会提出的“未来的学校必须把教育的对象变成自己教育自己的主体，受教育的人必须成为教育自己的人，别人的教育必须成为这个人自己的教育！”

第四节 中学生自我教育落实是班级管理的有效措施

班级是学校的细胞，是学校教育教学的基本单位。班主任对班级管理的好坏，直接影响学校教育教学目标的实现。班主任的管理工作很多，影响班级管理的因素错综复杂。要搞好班级管理就必须抓住这一领域中的主要矛盾。班级管理中的主要矛盾，就是学生在班级管理中的意义障碍，即对班主任的管理要求产生心理上的抗拒，拒绝接受或延缓接受。意义障碍有两种形式：一是对管理者的意义障碍。造成这种障碍的原因是学生不考虑或错误考虑班主任的管理动机，一味拒绝班主任管理意见，有时甚至发展为激烈的对抗状态，师生关系恶化。二是对具体管理要求的意义障碍。这是由于学生对某一具体管理要求受其认知水平的限制，不能理解对其健康成长的意义，或对班主任的教育方法不能接受，产生厌烦心理而拒绝接受。意义障碍削弱了班主任的管理效率，阻碍了管理目标的实现，而解决这一主要矛盾的有效方法，就是培养学生的自我教育能力。班主任组织的教育活动，只有贴近学生的实际，吸引学生积极参与，才能使教育的内容在学生心中形成内化，那么班主任的教育才有了成效。

第四章 中学生自我教育要遵循的原则

第一节 主体性原则

学生是构成班级的主体，在班级教育和管理中，他们既是客体又是主体，是主客体的统一体。学生主体是其自身发展变化的内因，他人教育、管理及其他一切外在要求要转化为他们自身的内在需要、外化为自觉行动都离不开主体自身的参与和内化。所谓主体性原则，就是班主任应自觉确立中学生在自我教育、自我管理中的主人翁地位，充分尊重、发挥和完善他们的主体性。遵循主体性原则是做好中学班级学生自我教育、自我管理的首要前提条件。要贯彻好主体性原则，班主任要彻底消除潜意识中存在的自己是班级“指挥官”的意识，真正树立学生是班级主体的正确意识，同时要通过具体的教育管理实践逐步增强和树立学生是班级主体的观念，帮助他们克服自己是班主任“臣民”的被动观念和消极心理，使他们尽快摆脱业已形成的对教师的心理依赖性和服从吩咐的行为习惯性；要始终视学生为教育管理活动过程中的主体，积极为班级学生开展自我教育、自我管理创造必要的条件，提供尽可能多的机会，创设尽可能丰富的激励情境，营造尽可能有利的氛围，为班级学生打造自我教育、自我管理的实践平台，满足他们作为班级主人翁的需要，满足他们独立自主的愿望，满足他们个性张扬、完善和自我发展的需要，牢固树立起以人为本、全面发展、服务学生素质培养的意识；要自觉树立深入学习、调查研究的意识。教师要真正提高引导班级学生开展自我教育、自我管理的针对性、科学性和有效性，就必须了解班级学生的思想、情感、喜好和要求，增进师生沟通与理解，掌握班级和学生的客观情况，做到从班级和学生的实际出发，从发展的需要出发：要正确树立尊重学生独立人格的意识，塑造好学生的主体人格。

中学生尽管是教育管理的对象，但是在人格上，他们与教师以及同学之间都是平等的。因此，班主任在引导班级学生开展自我教育、自我管理活动的过程中，必须尊重、关心、理解和信任每个学生，努力建立彼此平等、相互尊重、相互合作的师生关系和同学关系。总之，班主任的一切工作都应以发展班级学生的主体能力，培养他们的主体人格为中心，以有利于他们主动性、能动性和创造性的发挥，有利于他们生动活泼的自主发展，有利于他们自我教育与自我管理能力的锻炼、培养和提高为出发点和归宿，努力把教育和自我教育、管理和自我管理有机地结合起来，有目的地引导他们逐步走上自我教育、自我管理的发展道路，服务他们成长、成才的需要，真正实现中学生素质的全面培养和发展。

第二节 活动性原则

道德既有其社会性，又有其实践性，但其本质是实践性的，因为“任何道德都蕴涵了对人与人、人与社会之间的关系，要认识与理解这些关系，使这种理解转化为个人的欲求，只有通过活动”。个体道德的知、情、意、行主要是在与他人共同活动中形成和发展的，同时又是在实际活动中受到检验、评价并不断得到完善的。中学德育以往重理论灌输、轻实践活动，重认知开启、轻活动体验的弊端越来越受到人们的重视。教育部“面向21世纪中国现代德育教育理论建构与实践模式探讨”的核心课题——活动道德教育模式的理念就强调“学校应把活动或实践道德生活作为德育追求的目标，教育者应以活动作为学生道德发生、发展以及道德之个体意义实现的源泉来理解，同时还应作为促进道德发展的手段加以应用”。由此可见，活动是学生道德形成、发展的根源和动力，是学生形成自我评价，进而实现自我教育的基础。活动是中学生促进自身道德认识与社会道德生活沟通的桥梁和纽带，是他们获得自我体验，进而实现道德持续提高和巩固的有效途径。从中学班级角度而言，班级活动是形成集体主义思想的摇篮，是创建良好班集体的血液。所以，没有班级活动也就没有班集体。实践证明，体验是最有效的教育，而活动则是体验的最有效载体。因此，活动是实施中学班级学生自我教育、自我管理不可或缺的平台，班主任必须“寓德育于教育活动中”。

所谓活动性原则，就是指班主任在德育教育过程中，牢固树立活动德育的理念，尊重中学生在活动中的主体地位，发挥班主任的主导作用，积极组织开展广泛的班级学生自我教育、自我管理活动，引导他们主动参与，同时鼓励他们自主设计组织活动，通过他们自我体验的方式使他们道德的知与行得到不断的有效统一，道德需要得到不断的有效激发和促进，并向更高的需要层次不断递进。要贯彻好活动性原则，要做好以下几方面的工作。

首先，要求班主任自觉转变德育观念。班主任要彻底摒弃传统单向、权威的说教式德育方式，确立“活动德育”的新理念，积极发挥中学生自我体验、自我感悟在德育教育中的积极促进作用，协调好理论灌输与实践活动、认知开启与活动体验的关系，使它们得到有机统一。

其次，要求班主任既要充分尊重中学生在自我教育、自我管理中的主体地位，又要善于发挥教师自身的主导作用。从被教育到自我教育，从被管理到自我管理，中学生必然会有一个从不自觉到自觉、从被动到主动、从不成熟到逐渐成熟的成长历程。因此，班主任一方面要尊重他们自主参与活动的意愿，另一方面又要积极进行正面引导，特别是要善于应用启发的方式，努力做到道而弗牵、开而弗达，启迪思想，启发自觉，激发参与欲，使教师的期望与学生的意愿能得到有机统一。同时，班主任还要充分信任班级学生，大胆放手，让他们真正成为活动的主人，鼓励他们自主开展自我教育、自我管理活动，做好他们活动的合作者、引导者和促进者，使师生双方的作用有机统一。

再次，要求班主任既要保证活动的广泛性，又要突出活动的重点性。广泛的活动是中学生获得足够感性认识的基础，有助于形成量的积累，活动则是突破的关键，可以产生质的飞跃，二者的有机结合是提升层次的保证。因此，要鼓励中学生既参与校内教育活动，又参与校外社会实践，使他们拓展活动面、开阔视野、增加感受、丰富体验，同时还要善于针对班级学生的发展实际和需要，有针对性地开展主题教育活动，形成特色和传统，使活动的广泛性和针对性能有机统一。此外，班主任既要保证活动的教育功能发挥，又要照顾中学生的活动兴趣和需要。作为一种有效的教育活动无疑必须发挥其教育功能，达到一定的教育目的，实现其德育价值。但是，活动的开展首先必须考虑中学生的需要，要能吸引他们的兴趣，只有这样才能使他们积极参与，愉悦体验，主动发展。实践证明，一切仅凭教师主观意愿，脱离中学生需要和兴趣的教育活动，注定是低效、徒劳，甚至是彻底失败的。因此，要防止出现为活动而活动的形式主义，重视教育功能发挥而忽视中学生兴趣和需要的主观主义，以及仅仅为了迎合他们的“兴趣”与“需要”而忽视教育功能发挥的自由主义，必须使活动的思想性与趣味性得到有机统一。

最后，班主任要善于准确把握班级学生思想道德的“最近发展区”，引导设立积极而又恰当的活动目标。在德育过程中，学生现有的思想和行为水平与他们通过努力可能达到的水平之间的距离称为道德的“最近发展区”。若该目标距离合适，学生“跳一跳，摘得到”，就能产生积极的活动效果，有利于促进他们发展；如果学生原有客观基础水平太低，而要达到的目标高度为他们目前难以企及，这个距离就脱离了他们的实际，活动效果很可能适得其反。同样，如果低估了学生，所设活动目标太低，也同样不能取得令人满意的效果。因此，班主任既要善于把握班级学生思想道德发展的客观现状，又要善于准确估计发展的可能性，引导设立科学合理的活动目标，使得客观性以及发展性得到有机统一。

第三节 激励性原则

激励，即激发鼓励，含有激发动机，形成动力之意。从心理学、管理学的角度看，激励是一种激发人的动机的心理过程。通过激励，在某种内部或外部刺激的影响下，使人始终维持在一个兴奋状态中，形成和提供个体的动机向行为转化所需的驱动力，促使人能够不断积极自觉地行动，发挥潜能，努力实现目标的过程。作为中学生自求发展、自我完善的德育模式，中学班级学生自我教育、自我管理能否得以有效实施的关键之一在于他们的积极性能否真正被调动，真正“让孩子们抬起头来走路”。实践证明，激励是调动中学生积极性的一个关键基础和保证。马斯洛的需要层次理论强调指出，一定的需要往往必须有特定的激励去满足。“需要理论”将生理、安全和社会需要归为人的低级需要，而把尊重和自我实现归为人的高级需要。从满足程度看，低级需要易于满足，而人对高级需要则是永远不会感到完全满足的。实施班级学生自我教育、自我管理可以满足中学生对尊重和自我实现的需要，属于高级需要，因此需要有更稳定、更持久的激励力量。尽管中学生有自我教育、自我管理的潜在需要，但这种需要绝离不开激励的激发与维持作用。毫无疑问，没有激励就不可能有真正意义上的、深入持久的中学班级学生自我教育、自我管理。所谓激励性原则，就是班主任高度重视激励的作用，正确掌握科学的激励理论和策略，善于针对实际有机地灵活运用各种具体的激励手段或方法，促使班级全体学生潜在积极性和才干的发挥，最大限度地发挥激励在中学班级学生自我教育、自我管理中的动力作用。

贯彻好激励性原则，首先，要求班主任善于学习和吸收现代先进的教育理论，为科学实践提供保证。中学班级学生自我教育、自我管理涉及教育学、管理学和心理学等诸多方面的理论，班主任只有自觉提高自身的教育理论素养，特别是关于激励的理论，才能把对中学生的激励建立在更加科学的基础之上。

其次，要求班主任把握好激励的重点和关键，最大限度地满足中学生的心理需要。中学生的需要具有精神性和高层次性的特征，这就决定了教师激励的重点在于满足他们精神方面的、高级的需要，例如，尊重、信任、鼓励评价、荣誉、自我价值、自我实现等需要，关键在于为他们提供和创造尽可能多地、公平地满足自尊、实现自我的机会和条件。要善于综合运用各种激励方法，以获得最大化的激励效果。

在实践中被证明行之有效的激励手段有许多，例如，情感激励、目标激励、活动激励、责任激励、荣誉激励、榜样激励、竞赛激励等，但是，班主任在实施激励的过程中，要善于围绕目的，采取全方位、多层次、多角度的激励手段有机结合，而不是采用单一的激励手段。

再次，要特别注意正确理解表扬激励与批评激励。中国青少年研究中心副主任孙云晓认为：教育本就是十八般武艺，表扬批评奖励惩罚，什么都应该有。因此，既要发挥好表扬激励的作用，又不应忽视批评激励，应该常用表扬激励，但不能省去批评激励，要使二者有机结合，相得益彰。关键是，班主任要在如何发挥批评激励的作用方面多做研究，讲究科学和艺术。此外，要重视建立稳定的激励机制，不断创新激励方法，为激励提供保障。激励是一项长期的工作，需要形成一整套科学、稳定的机制予以保障，因此，班主任一方面要善于不断总结和完善那些被事实证明对自己班级学生激励有效的方法，使之逐渐形成一种相对稳定的激励机制；另一方面还要善于针对班级和学生的实际，不断创新激励的方法和形式，使之能更加符合班级学生的需要，为班级激励机制注入活力。

最后，要求班主任注意做好群体激励，充分发挥班级每个成员的潜力和才能。中学班级学生自我教育、自我管理强调每个成员的参与和共同努力。从该意义上讲，激励要考虑的，不是某一两个人或某个群体的积极性调动的问题，也不是将班级学生作为一个个孤立的个体来考虑他们每个人的积极性调动的问题，而是要在班级和学校组织整体背景下来考虑如何获得一种群体的激励效应。因此，班主任必须面向全体学生，做到客观、公正，用同样的感情和尺度对待每个学生，努力为他们创造均等地体验成功的机会和条件，要让先进的学生受到激励，更要让暂时落后的学生得到激励，要让班干部群体受到激励，也要让班级的“非正式组织”群体受到激励，不能对优秀生“一俊遮百丑”，更不能对后进生“一眼把人看死”，谨防“马太效应”，要让每一个学生都能得到应有的、恰当的激励。

第四节 指导性原则

中学生，毋庸置疑，作为德育的主体，在班级自我教育、自我管理中处于核心地位，起到决定性的作用。但是，我们也不能因此而片面、盲目地夸大他们的主体作用，忽视和藐视作为外因的教师所起的积极促进作用，同时防止不负责任地放任自流。中学生是一个正处在特殊发展阶段的特殊群体，他们有巨大的发展空间和潜力，但客观上存在一些暂时的不足和不完善。首先，中学生的身心均处在迅速发展、完善的重要时期，但其发展水平仍然有限，加之他们生活范围相对较窄，缺乏一定的社会经验，思想尚不成熟，认识往往存有片面性，容易导致行为上的幼稚、冲动和盲目；其次，中学生的年龄跨度大，所处的年级高低，以及具有的自觉程度、能力水平不同，他们自我教育、自我管理的操作能力、水平和效果必然会因此受到一定程度的负面影响和限制。此外，中学班级学生的自我教育、自我管理与其他任何事物一样，不可能一蹴而就，立竿见影，都要经历一个从依赖逐步走向独立、由低层次向高层次递进的过程。因此，严格地讲，中学班级学生自我教育、自我管理远非通常所指的成人意义上的绝对的自我教育、自我管理，确切地说是班级学生主体在教师引导下通过实践学习，初步培养自我教育、自我管理能力的过程。

所谓指导性原则，就是班主任积极履行教师主导作用的责任，在起始阶段、关键时刻、重要方面等有针对性地给予班级学生必要和及时的影响与启迪，施予精心的科学指导，促使他们的主动发展与教师的有效引导有机结合，从而保证并促进班级和学生能迅速而又健康地成长。中学班级学生自我教育、自我管理并非表面意义上教师任务的减轻，相反，对班主任的指导工作提出了更新、更高的要求。

因此，想要贯彻好指导性原则需要做到以下几点。

首先，班主任要有正确的指导观。中学生作为班级自我教育、自我管理的主体理应被赋予自主发展的机会和权利。班主任应该信任他们的潜能，既大胆放手，又重视指导，既要避免指导过度而导致的束缚和限制，又要防止盲目信任，甚至是班主任甩担子而导致的放任自流。

其次，班主任要有科学的指导方法。班主任应该加强现代教育理论和科学管理思想与方法以及心理学等方面的知识学习，与时俱进，为开展科学的指导工作奠定必要的理论基础；要重视了解和研究班级与学生的实际，准确掌握第一手资料，切实加强指导的针对性，努力做好理论联系实际，坚持具体问题具体分析；要坚持启发式的引导，善于应用启发艺术，如心理学上的“空白效应”“南风效应”等，重视研究中学生的心理，使指导方法能更加符合他们的心理特点，更加有效地激发他们的内在需要。

最后，班主任要有指导重点。在时间方面，保证事前、事中、事后有指导，要突出起始的引导铺垫和阶段结束的总结，在进行的过程中，要善于在学生困惑与需要的时刻给予启发与引导；在内容方面，凡是中学生自己能独立做到的，就应该大胆放手让他们去自我探索，班主任要突出诸如自尊、自信，班集体与个人奋斗目标和正确集体舆论以及重大主题活动等方面的教育引导，重视班级核心队伍建设，优化中学生干部的培训指导，提高骨干素质，有效发挥他们的中坚力量。

第五节 平行性原则

在以班级为单位的教育管理中，存在着两种主要关系。一是师生间的垂直关系，二是学生间的平行关系。从管理学的角度看，班级属于正式组织，但是在这个组织的内部往往还存在非正式组织，因此在这种平行关系中，中学生之间既有在正式组织中的平行关系，也有在非正式组织中的平行关系。研究表明，非正式组织虽然没有定员编制、明文规定，甚至没有明确的组织边界和固定的组织形式，但对其成员的思想和行为却有着重要的影响。中学生自我教育、自我管理突出了班集体和学生主体，较一般的班级教育和管理在更大程度上涉及和依赖学生间平行关系所起的作用。在工作中，班主任既要重视垂直关系的协调，也要注意平行关系的协调。此外，从心理学的角度看，中学生接受教育有“内化”和“同化”两种过程，前者主要针对中学生个体的教育，后者主要针对中学生集体的教育。班级学生间的平行关系决定了“同化”的重要作用。马卡连柯强调“在教育单独的个人的时候，我们应当想到整个集体的教育”，因此，在中学班级学生自我教育、自我管理活动中，教师不仅要重视个体的“内化”作用，更要重视班集体的“同化”作用，努力使每个学生都能得到良好的班集体的熏陶和感染，相互影响、相互促进。所谓平行性原则，就是班主任充分利用班级学生间具有平行关系的特点，发挥班集体教育的影响作用去“同化”个体，同时又通过个体教育的“内化”作用来促进班集体管理，使班集体和学生个体、正式组织和非正式组织的自我教育、自我管理作用有机结合，相互促进，以取得更佳的教育效果。

想要贯彻好平行性原则需要做到以下几点。

首先，班主任要重视引导班级学生建设一个具有良好班风的班集体，以发挥班集体的教育功能。经过学校编班形成的只是班级，它不会自然地成为班集体。班级只有形成了班集体，才能对生活在其中的成员施加积极的影响。实践证明，一个好的集体，具有凝聚力和战斗力，催人奋进，使人不断自我完善；

反之，则是一盘散沙，使人懒散消极，甚至堕落。正如赞科夫所说“当教师是在形成儿童集体的基础上来实施个别对待的时候，这种个别对待才能真正获得巨大的力量”。

其次，班主任要注意发挥班集体的教育功能。班集体一旦形成，就会成为一种巨大的教育力量。班主任在引导中学生开展自我教育、自我管理活动的过程中，要面向集体，通过集体，如集体目标、集体要求、集体舆论、集体活动和集体荣誉等，激励个体为了集体，使个体在优秀的集体中得到良好的“同化”。

最后，班主任要注意发挥班级中非正式组织的正面影响作用。班级中非正式组织中的学生往往性格、气质、爱好、兴趣等较为接近，因此彼此间的平行关系也较一般的学生间的平行关系要密切；而且，这些小团体往往还有自己特有的权威和领袖，甚至有自身不成文的规范或章程，对成员有着重要的导向和约束作用。因此，成员间容易产生相互感染、相互影响，甚至形成“小气候”。班主任要充分利用这种成员间平行关系密切的优势，善于利用“权威”和“领袖”的特殊影响作用，使班级中的“小气候”能与“大气候”趋同，充分发挥非正式组织的积极影响，同时抑制和消除其消极影响。此外，要重视加强个别教育。强调集体教育的同时，也不能忽视个别教育，因为集体是由诸多个体组成，集体在影响个体的同时，也会受到个体的反影响，集体教育和个别教育是相互作用、相辅相成的。当然，个别教育不仅要包括对暂时落后的学生的教育，还要包括对所谓“优秀生”的教育。

第六节 民主性原则

民主是科学教育方法得以生存的土壤，是保证师生能凝心聚力协同完成教育管理任务的黏合剂，是激发教育主体积极性、主动性和创造性的催化剂。魏书生认为，教学中调动学生积极性的根本方法其实只有两个字——“民主”。没有民主，常常找不到好的科学的教学方法，即使找到了，也常因缺乏民主而难以实行。科学更需要在民主的土壤中生存。民主性原则是社会主义民主管理原则的具体要求和体现，它对培养中学生的主人翁精神、民主意识、独立性、创造性以及建立民主的师生关系等都具有十分重要的意义。所谓民主性原则，就是班主任要热爱和关心学生，尊重他们的人格，尊重他们在活动中自主选择、参与、探索、发展的意识与权利，营造民主氛围，实施民主措施，从班级和学生的实际与需要出发，努力调动每个人的积极性、主动性和创造性，使他们能真正成为自我教育、自我管理的活动主人，以促进他们自身自我教育、自我管理潜能的有效发挥与能力素质的提高。一项中小学班级管理现状的调查研究表明，目前中小学班级管理的现状不尽如人意，其中主要不足之一就是“班级管理缺乏民主性”。应该说，民主性原则也是以上所述各项原则得以贯彻的基础保证。中学生的自我教育、自我管理需要浓厚的民主之风和肥沃的民主土壤，而这一切的关键首先在于班主任。魏书生认为，班级要实行民主管理，关键在于班主任要摆正自己的位置。

想要贯彻好民主性原则，需要做到以下几点。

首先，班主任要做民主风气的倡导者。有什么样的观念，就有可能产生什么样的行动。因此，班主任只有不断增强自身民主教育的思想观念，才能用民主教育观来有效指导自己的教育行动，自觉抑制和克服自身潜在的“自我中心”意识，真正发扬民主。班主任只有用热爱的心、尊重的态度和信任的情感来熏陶、感染和理解班集体中的每位成员，用率先垂范的民主意识与作风，才能在师生人格间注入平等，在师生关系间注入和谐，在师生间、学生间注入凝聚力，为中学班级学生的自我教育、自我管理注入凝聚力和新动力。

其次，班主任要做民主建设的促进者。正确的思想观念还要有正确的实践来体现和落实，否则民主的观念只会停留在人们的头脑中、口头上，或是陷入形式主义的泥沼。因此，班主任应当在广开民主渠道、实施民主措施、培养民主意识、提高民主能力、创新民主形式、提高民主实效等方面发挥积极的促进作用。

只有这样，民主之风才有可能真正畅通，全面的、彻底的、实质的教育民主才能真正发扬。确切地说，遇到事情一定要有多与学生商量的习惯，做到事前征求意见，事后收集反馈意见，从而不断增进师生认识的统一，达到双方的相互理解与支持。

班主任还要有实事求是的作风，这是民主得以发扬的客观基础。班主任要善于利用各种民主渠道，如座谈、调查、学生论坛、个别交谈、家校联系、班级信箱、学生周记、班级小报、合理化建议簿、班级网页等，深入学生、班级和家庭，倾听“民声”、体察“民情”，尊重客观实际，以提高教师民主指导工作的针对性、科学性和有效性。班主任还应重视培养中学生主动参与民主活动的习惯。班主任要为学生提供参与民主锻炼的机会，重视发展和完善班级学生的组织与制度建设，逐步放手和加大他们自我教育、自我管理的广度，建立班级民主的制度和程序，坚决杜绝自身有意无意的“家长作风”，防止民主的随意性和简单化，同时赋予班级每位学生对班级各项规章制度和活动的组织开展进行讨论、发表意见和参与表决的权利，在提高他们自我教育、自我管理内驱力的同时，促进他们尊重民主的意识、实践民主的能力与发扬民主的作风的不断提高。此外，遵循民主性原则也必须防止出现不负责任、不讲纪律、不讲集中的“放羊式”的极端做法。班主任必须正确处理好民主与集中的关系，强调民主与集中的统一。

总之，实施中学班级学生自我教育、自我管理，主体性原则是前提，活动性原则是核心，激励性原则是动力，指导性原则是保证，平行性原则是协调，民主性原则是基础。教师要善于根据具体情况，有机地加以综合利用。

第五章 亲子沟通与中学生自我教育

第一节 亲子沟通与中学生自我教育的国内外研究现状

一、亲子沟通的国内外研究现状

从20世纪70年代开始，亲子沟通就已经进入人们的研究视野，国外的心理学家早已对亲子沟通的重要性感兴趣并取得了一定的研究成果。

美国心理学家杰克逊（Jackson）研究发现亲子沟通进行良好的家庭，培养出来的中学生有较强的社会适应性。美国心理学家科林斯（Collins）等则发现亲子沟通中受到重视的信息将会帮助青少年形成辨别世界的能力和掌握与人交往的技巧；良好的亲子沟通能使中学生正确认识自己的定位，并能积极地与父母进行沟通和体贴父母的情感。通过调查发现，得到父母支持和关心的中学生比没得到的学生发展自我同一性更好、更具体。

在我国，目前对于亲子沟通领域的探索刚刚开始，在研究内容方面也大都是亲子沟通的影响因素和特点，以及亲子沟通在青少年的心理发展方面的作用和影响。对于如何选择沟通内容，张智和周波通过研究发现中国父母主要以如何待人处世为沟通的主要内容，而在交友、生理变化和网络、吸烟等方面很少沟通。雷雳、王争艳、刘红云等人通过研究发现，中学生在亲子沟通的对象选择上，其中52.4%的中学生表示与母亲“经常”沟通，44.3%的中学生与父亲“有时候”沟通。郑满利用自编中学生沟通问题量表考察了当地中学生沟通的现状，评价指标包括沟通方式与技巧、行为约束、沟通态度、情感支持。调查发现“在整体上，中学生的亲子沟通状况良好，但是也发现亲子沟通问题与学生的学习成绩具有显著负相关”。

二、自我教育的国内外研究现状

自我教育是一个历久弥新的概念，在我国有着悠久的历史，自我教育在个人的自我发展和社会化进程中已经被大家看作一个重要的方式。中国大教育家孔子说过的“内自讼”“内省身”，提倡人们能主动地迁善自新。亚圣孟子也提倡用“自得”来修德行。理学家朱熹也强调“居敬”“存养”。以上这些古老而朴素的自我教育方式，当时圣贤们提倡运用自我教育来铸造道德认知、升华道德情感、实践道德行为，最终实现修身理想。在如今的信息化社会，各种教育思想纷纷涌现，自我教育在社会舞台上也展现着独特的魅力，给各种教育实践以新的启示。

随着以人为本的学习型社会的教育理论的不断发展和更新，时代积极赋予了自我教育理论以新的内涵和要求。各教育者一直在关注自我教育，不仅将其作为理论研究问题，而且还根据教育实践来进行探索，取得了许多研究成果。邢宝君提出“以提高和完善自我素质为目的，根据自身发展要求和社会要求，个体自主地、有意识地将自我作为教育的对象的一种活动称之为自我教育”。樊非将系统辩证论作为理论基础，认为自我教育是个体在家庭、学校和社会等环境中的自我行动的过程。这个过程中对个体的要求包括身体素质高低、自我教育动机强弱、智力因素非智力因素高低、思想素质高低、行动力强弱等，这些要求互相补充共同构成了自我教育的过程。于国庆认为，在信息社会中自我教育是符合终身教育的重要的教育模式。范志福认为，自我教育发生在相互的两者之间，教育者和受教育者主动正确地认识自己、激励自己、监控自己、建构自我、超越自我的教育行为就是自我教育。

研究自我教育形成的共同认识有以下几点：

（1）因为自我教育中的自我发展的基础是自我意识，所以，自我意识是自我教育发展的内部因素，所有外部的发展都必须通过这个内因来发生作用。

（2）自我教育也会因为外部教育环境受到影响，创造有利于自我教育发展的外部环境，但是要根据不同的个人情况而营造不同的外部环境。

（3）社会实践活动也与自我教育的关系重大。自我教育从本质上说是一种社会活动，通过社会活动才能体现自我教育的教育作用。

三、亲子沟通与自我教育关系的国内外现状研究

家庭因素理论认为：家庭作为一个整体，各种家庭因素不可避免地都会对家庭教育有影响，其中，对家庭教育影响最大的是亲子关系，而中学生的自我教育则是家庭教育中的重要组成部分。美国心理学家格罗特文特和库珀在 1986 年就已经研究了沟通在青少年离开家庭后逐渐独立的过程中的作用，格罗特文特和库珀都认为亲子沟通对青少年同一性的形成和如何表达自我的

发展有影响，青少年如果能够从亲子沟通中得到父母的支持，他们则能更好地发展自我同一性。

第二节 亲子沟通和中学生自我教育的内在关系

一、亲子沟通与自我教育的内涵

（一）亲子沟通的内涵

亲子沟通是亲子关系互动的内在运行机制，是一种特殊类型的人际沟通。在父母与孩子进行信息交流的过程中，亲子关系是每个人诞生后接触到和形成的第一类人际关系，更是每个家庭中非常重要的基本关系。亲子关系是指父母与子女之间的关系，它们具有持续性、无法替代性和不平等性等基本特点，亲子关系对青少年的自我认知和发展具有决定性的作用。由此得出亲子沟通的内涵为：在亲缘关系的基础上，亲子沟通共同创造的家庭情境，父母和子女基于各自不同的角色和态度认识，积极地运用合适的亲子沟通方式进行信息传递和情感交流的过程。

不断开展的亲子沟通研究是对亲子关系理论的补充、发展和完善。评价父母与孩子的关系是否顺畅，第一重要因素在于有无形成良好的亲子沟通方式。人们的生活水平越来越高，物质要求越趋稳定，但是家庭中的亲子沟通把握却不太令人满意，亲子冲突时有发生，这也说明了亲子沟通的重要性。在亲子关系基础之上，亲子沟通是父母与子女双方的互动过程，而家庭的教育功能体现在基础的亲子关系之中，亲子沟通是这种过程的作用机制。

（二）自我教育的内涵

法国作家孔巴兹说，“未来的学生应该培育灵魂，锻炼精神，优化情感，使学生成为热爱世界的主人”。由此可见教育的基本功能是将人类历史上的一切伟大的文化、科学和已有的经验通过自我行动而内化为属于自己的精神财富，并建立、提高和发展自我主体性，帮助个体顺利过渡到社会。素质教育培养的学生具有主体性和自我性，因为具备相当的主体性，在走入社会后，能够快速地融入其中，积极地为社会进步做贡献。如果在这一层面上认知教育的本质，也可以将其理解为个体主体性的培育过程，也被称作一种主体性自我教育。

目前我国教育界对如何定义自我教育这个问题没有统一的答案，仁者见仁，智者见智。邱广欣和郭延萍在《培养学生自我教育能力的根本途径》中，解决了如何培养学生的自我教育能力，并将其定义为根本途径是启发学生的内心需要，从中学生的情感方面来进行自我教育能力的提高。王军锋、黄亚婷在《中学生自我教育能力的培养》中以自己作为班主任工作的实践，用自己独特的方法发展学生的自我教育能力，并取得了可喜的成绩。学者程文晋在《自我教育论》中指出：“广义的自我教育是指人们依据社会发展对人的素质的要求，有意识、有目的、能动地促进自我发展的活动；狭义的自我教育是自我德育和自我修养。”《中国大百科全书（教育卷）》从广义和狭义两个层面将自我教育分别定义为“广义是指受教育者以一定的世界观和方法论，认识主观世界和教育自己的全部过程，又称自我修养。即人们以自己已经形成的思想品德为基础，而提出一定的奋斗目标，监督自己去实现这些目标，并评价自己实践结果的过程。狭义即自我批评，德育的一种方法”。顾明远的《教育大辞典》中，从德育的角度出发进行定义：“自我教育是将自己作为德育对象，有目的地培养自己优良思想品德，克服不良思想品德，建立在自我意识基础上，为形成良好品质而自觉进行的思想转化和行为控制，是道德修养上自觉能动性的表现。”

本书中的自我教育总结起来概括地说，自我教育是指个体根据社会和家庭的要求，有计划有目的地进行自我规划，个体既是主体也是客体，经过自我认识、自我规划、自我督导、自我践行和自我评价一系列的过程，将提高和完善自我素质、个体全面发展作为目标而持续不断发展的行为过程。

二、亲子沟通影响自我教育的发展

（一）自我教育的特征、功能及过程

自我教育的特征包括主体性、统一性、自主性、内向性和终身性。

1. 主体性

在自我教育的实践过程中，受教育者始终以主体的姿态出现。在常规教育概念中，教育者处于主体地位，与之相反的是受教育者处于客体地位，只能被动地接受教育内容，在教育者和受教育者之间似乎架设了一道鸿沟。而在自我教育中，“自我”既是教育者，又是受教育者，主体我和客体我在教育过程中直接统一。教育者和受教育者是以全面发展自身为目标，解决主体我与客体我矛盾为手段，个人经过思量和考虑，以主体的姿态进行教育实践。

自我教育，是指自我的能动完善自身品德的行为，是对自身的一种改造与调控。以自我的成长与成熟为目标，并积极追寻自我的综合目标，也即教育者

与受教育者主体与客体的统一性。发展自我教育不仅能使人获得知识和能力，并能将外在知识内化为个人的品质。自我教育让人们不仅能自主选择，也能自主内化品质，中学生发展自我教育指导自身的行为，必须依靠自身的选择和主动。自我教育过程中越能内化自我品质，那自我教育的主体地位越趋强大。

2. 统一性

自我教育与亲子沟通两者相辅相成。在亲子沟通中，中学生更多的是处于一种被教育的客体地位，是处于被他人管理的状态。而在自我教育中，中学生以主体地位，充分发挥自身的主观能动性，始终处于自我管理状态。他们通过内心体会，然后经过一连串的活动：思考、分析、选择、确定自我教育的方式和过程分析，最终转化知行统一。在自我教育的过程中，自我管理和他人管理相互统一，相互启发，两者不时地进行力量转化。由此可见，教育的最大任务是使自我要求内化为自我教育的目标，使教育的作用真正体现，慢慢地形成成熟的社会性，产生促进自我发展的巨大力量。

3. 自主性

自主性是指主体通过自我的行为来核查自己的行为，并不断修正自我的行为，以便更好地实现目标。自我教育过程是在不断地排除各个方面的障碍和挫折，而且现实与目标也可能会有出入，这个时候往往依赖个人的自我约束能力，抵制不正当的行为。自我教育也在这一过程中不断地完善自我，调整自我，超越自我。在教育内容的选择上也体现了自主性，每个人做出的每一个正确的选择都是对社会发展有利的，为社会进步打下基础。

4. 内向性

一般来说，学校教育都是师对生，对于学生而言，这是一种外向用力的行为。而自我教育不同，自我教育是指向个人本身，是一种向内用力的行为，自我教育中自己是教育的客体，需要受到指导和帮助。因此，自我教育中的内向性是指过程中的作用力的方向指向。外因是变化的条件，内因是变化的根据。外因需要通过内因的变化发展才能起作用，在教育上，我们也必须通过具有内向性的自我教育来达到目标。自我教育方法中的“观察法”“内省法”都是内向性的表现形式。

5.终身性

人的发展是教育永恒的追求，我们总是在理想的我和现实的我之间徘徊，这种矛盾将长期存在，这也表明自我教育存在终身性。自我教育的终身性体现在两个方面：一是永无止境的人的需求让人们无法平衡现实自我和理想自我，一个需求得到满足后，又开始了另一个需求的追求。体现出来的自我教育是无论是否实现目标，人都会对下一个过程提出要求，甚至更高的要求，自我教育又重新起航。二是学校的教育力度和强度是有限的，自我教育能补充学校教育的不足，从每个学生自身出发寻求需要的知识。越来越多的人关注自我教育，这是因为自我教育的作用和功能体现在如下几个方面。

（1）能动性

能动性是自我教育的基本功能，伴随着自我教育的全过程。自我意识是进行自我教育的基础。自我意识的能动性作用有积极和消极之分。自我教育的功能是强化积极意识，克服消极意识，在此基础上可以看出自我教育的强大的能动性。自我教育活动自始至终都发挥着能动性作用：在自我教育之前进行计划，设计目标；在活动中，发挥主体性和自主性，自我控制，保证目标实现；过程之后是进行反馈，对于出现的错误及时进行调整，确保目标真正实现。

（2）自我定向

这是所有活动的开始过程中的重要功能。自我定向是指人们为了自身的发展而独立自觉地设定目标和方向，并不停地根据实际情况调整。目标的可行性是建立在方向的正确性的基础之上，方向的正确性和目标的可行性与人们进行活动的动力成正比。

（3）自我反馈和调控

在自我教育过程中，人们能根据自身的具体情况，联系周围的环境，精准地进行反馈，随时保证目标的正确性，并有效进行自我调控。不停地对目标进行改正、调整和控制是人们成功进行所有活动的基本保证。

（4）自我迁移

人们在自我教育上取得的成功，会主动迁移到新的活动中，为新活动的进行提供借鉴和帮助。这里所谓的迁移都是正迁移。从上述自我教育的各种作用中可以得出，发展自我教育能帮助人们更好地促进智力与非智力的发展，并且促使两者平衡发展。自我教育由自我认知、自我规划、自我督导、自我践行和自我评价几个阶段组成。自我教育的第一阶段是自我认知，自我认知是对自我进行客观公正的认识，正确地评价自己的优点，发挥长处，督促自我前进，在前进的路上发现自己的缺点并及时进行调整。如果一个人的认知出现问题，则会陷入盲目的自我评价，看不清前进的方向。因此，个体正确的自我认知是进行自我教育的前提和保证。

自我规划紧随自我认知之后。自我规划是个体为了完成目标和计划而提前制定的超前的行为规范。在自我教育进行过程中，自我规划必须以自我认知为前提，然后根据自己的真实情况来制定相应的行为指标。如果自我认知进行不当，那么会直接影响自我规划，从而出现目标设定得较高，个体努力较长时间都无法实现，会产生过强的失败感。如果目标设定得太低，不需要付出努力就可以实现，那么就很难激励人们取得进步，也限制了个人能力的发展和提高。

顺利完成自我规划后，个体就可以大张旗鼓地向着目标前进。在前进的过程中，为了避免行动与目标出现偏离，个体须时刻进行自我督导。自我督导是指通过观察法和内省法来监督与修正自我的行为，从而确保最终目标的实现。

前面三个过程都是为了更好地进行自我践行。自我践行是指个体在实现目标过程中的实践行为。自我践行在实行过程中，个体必须对自我的行为负责，禁受住各种诱惑，目标唯一且坚定。自我评价是指个体对自己行为结果的一种自我检查，是自我教育过程中重要的一部分，自我评价发生在自我践行之后，这体现的不仅是教育结果，更是个体对自我在自我教育过程中出现的情况进行一一比对和评价。由于自我教育是分很多个步骤，整个自我教育的目标是统一的，所以一个自我教育过程的结束并不意味着理想自我的实现，但体现了现实与理想在不断的自我教育过程中碰撞出新的火花。在自我教育的过程中，一系列活动的自我认知、自我规划、自我督导、自我践行和自我评价，都体现了教育的最终目的是使每一个成员都能够形成良好的社会价值准则。

（二）影响亲子沟通的因素

1. 家庭功能以及家庭子系统之间发生的变化

家庭是由家庭全体成员及成员之间组成的一个动态系统。该系统又由许多子系统组成，如夫妻系统、亲子系统等。与童年时期相比，中学生发展过程中的家庭功能以及家庭子系统之间的关系发生了明显变化。

首先，体现在家庭的作用方面。家庭对于培养中学生的社会化、个人素养以及自我保护已经没有童年时期的重要了，更多的是给予中学生建议和帮助。

其次，亲子关系的双向互动更加突出，不再是以父母为中心进行沟通，渐渐地向和谐民主平等的双向互动而转化。

最后，随着中学生自主要求的增强，逐渐地降低对父母的权威的反感和叛逆，而父母的威严也在慢慢降低，双方的沟通与交流也越来越少。

2. 中学生的生理心理发展变化

青春期的到来将给中学生及其身边的人带来新的适应问题。中学生身体的快速生长发育和体型的变化会破坏儿童原有的自我形象，建立并适应全新的自我形象是中学生面临的一个挑战。在社会关系方面，随着成人感的产生，中学生强烈地要求周围的人把自己作为大人来对待，他们开始拥有自己的隐私权，希望在发型选择、服饰与着装、交友及娱乐等方面拥有更大的自主权，而不再像孩提时完全接受父母的权威。在情感联系上，中学生开始逐渐疏远父母而与同伴建立起亲密感。与此同时，社会也开始把中学生作为一个成人来对待，从而对他们提出了不同于儿童期的要求和期望。因此，随着青春期的到来，中学生与父母之间原有的交往方式被打破，如何建立新的亲子互动模式，不仅对中学生自身，对父母也是一个新的任务和挑战。

3. 亲子关系的亲密度

亲密的亲子关系有助于沟通。日本青少年研究所对日本的几名高中生、美国的几名高中生、中国的几名高中生进行调查，在回答“你最尊敬的人是谁”时，美国学生的答案是“第一位是父亲，第三位是母亲”，日本学生的答案是“第一位是父亲，第二位是母亲”，而中国学生的答案，前十位中尊敬的人中竟没有自己辛苦操劳的父母。这样的调查结果是令所有对孩子倾注满腔爱心和付出精力的中国父母伤心与不解的。由此，作为孩子的养育者同时又是教育者的父母必须思考，是什么使我们的亲子关系变得如此呢？由此可见，亲子关系的亲密度对亲子沟通会有一定程度的影响。

4. 父母的教养方式

掌握科学的家教方式，亲子沟通的效果必将从事倍功半走向事半功倍，顺畅的亲子沟通必将提高孩子的心理素质、心理健康水平和创新意识与创新能力，从而促进孩子的全面发展。父母的教养方式主要有以下几种。

（1）过分保护式的教养方式：对中学生的教育还是停留在小孩子阶段，千般呵护和照顾。这种方式建立起来的亲子沟通是单方面的，由父母说了算，中学生往往是处于被动地位的。

（2）过分干涉式的教养方式：父母为中学生画框框、定调调，限制中学生的言行，使中学生的言行符合父母的意愿。亲子之间缺乏沟通，中学生基本无沟通的兴趣。

（3）严厉惩罚式的教养方式：简单地说就是信奉“棍棒底下出孝子”的俗语。这样的父母对孩子的教育态度生硬，缺乏感情，语言粗鄙，甚至讽刺挖苦和打骂孩子。中学生在沟通中无任何话语权，在亲子沟通中处于一种劣势。

（4）理解与民主式的教养方式：是一种积极的、科学的教养方式。它的特点是：①晓之以理。运用晓之以理的原则，去教育孩子，向他们讲道理，讲得合情合理，使孩子心悦诚服地接受。②动之以情。父母在言行中充满了对子女的爱，充满了关心。在温暖、理解和民主式的方式下教养的孩子，不再畏惧父母，而是主动亲近父母，与父母无话不说。父母的话他们听得进去，并很容易引起他们情感上的共鸣，激发他们血缘上的感情。这样动之以情、晓之以理就能达到情理相容。达理必先通情，通情才能达理，动之以情、晓之以理结合起来会收到明显的效果。

（5）尊重孩子的人格：父母与子女在人格上是平等的。

从以上几种教养方式中可以了解到，父母的教养方式不当，必将影响亲子沟通的进行，在理解民主型的家庭教养中，亲子沟通方式和内容都与民主和谐有关，也最有利于进行亲子沟通。

5. 同伴关系的影响

进入中学以后，个体开始疏远成人而热衷与同伴交往，愿意对同伴倾注感情和注意力，并同时有了想吸引异性目光甚至与异性交往的愿望，男女生接触明显增多。这种变化带来的结果就是中学生沟通对象增多，尤其是遇到问题时，会倾向于找同学和朋友，而不是父母，所以在某种程度上也减少了亲子沟通的机会。为了增加亲子沟通的机会，父母可以邀请孩子的同伴到家里来玩或者参加孩子的活动。

6. 网络通信及媒体的影响

网络通信以及电视、报纸等媒体的普及在一定程度上影响着亲子沟通。通过国家青少年研究中心对初中生上网时间的统计显示：初中生平均每周上网的时间长达数小时，每天上网时长为 1 小时，其中有的初中生每天上网时长超过 1 个小时。中学生的课余时间花在了网络上，有问题也在网络上寻求解决，这无形中削弱了亲子沟通的作用和减少了亲子沟通的时间，影响亲子沟通作用的发挥。

（三）构建亲子沟通，发展自我教育

苏霍姆林斯基说："人们称少年期和青年早期为困难年龄期。在这个体力、智力、道德意识蓬勃发展的时期，教师面前也会出现许多困难。唯有在教育和自我教育融合的情况下，才能克服这些困难。"亲子沟通进行得是否顺畅将影响中学生自我同一性的形成和观点采择能力的发展，中学生如果能够从父母那里得到支持，自我同一性就能更好地得到发展，并能促进自我教育的发展。

1.发展亲子沟通激发自我教育的能力

在亲子沟通过程中，可以将父亲和母亲的影响进行归类。例如，父亲如果倾向于使用操作性的讨论形式，那么中学生则能获得较强的推理能力。母亲如果对中学生有一定的依赖性，则能对中学生的自我要求能力有所要求。因此，积极向上的亲子沟通与人们自我教育能力呈正相关关系，也与中学生的心理健康水平、积极的应对策略和自尊心呈正相关关系。亲子沟通质量的好坏直接影响着中学生的同伴关系、心理健康和学业成绩，亲子关系体现着家庭的教育功能，而亲子沟通在这种教育功能中更能健康发展。

2.亲子沟通促进自我教育的发展

良好的亲子沟通是中学生的行为困扰和问题行为的保护因子，亲子沟通的质量越高，中学生的学业或人际关系的困扰就会越少，也会越少出现吸烟等问题行为。中学生如果能在亲子沟通中得到支持，则能更好地发展自我同一性；相反，与父母沟通不畅的中学生则更容易出现各种情绪和行为问题，甚至亲子冲突。亲子沟通的发展与自我教育的发展呈正相关关系，亲子沟通发展良好，自我教育也进行顺畅。当然，自我教育的发展也会受到其他环境和沟通的影响，本书设立的环境是家庭。

三、自我教育对亲子沟通的依赖与改善

自我教育的激发与发展需要个人的努力和规划，更需要他人的帮助和鼓励。在亲子沟通过程中，如果自我教育发展得顺畅，亲子沟通也能得到一定的改善。

（一）亲子沟通的类型、功能及特点

对于亲子沟通的类型，方晓义以平均分作为标准，将其分为四类：多元型亲子沟通、放任型亲子沟通、保护型亲子沟通和一致型亲子沟通。多元型亲子沟通的最大特点是父母和初中生都非常重视相互之间的沟通方式和内容。放任型亲子沟通是指双方忽视亲子沟通，父母与孩子都不管他人，只管自己。保护型亲子沟通是指父母要求孩子绝对服从，希望通过小孩的绝对配合沟通来获得表面上顺畅的亲子沟通。由于中学生年龄偏小，各方面的心智还处于发展期。因此，父母与其沟通少，而且中学生在与父母沟通时，更多地采取服从行为。另外，在四种亲子沟通类型中，一致型是亲子沟通中最好的一种，但却是中学生亲子沟通类型中最少的一种。由此说明我国中学生的亲子沟通存在比较严重的问题，需要引起我们的高度重视。亲子沟通需要引起我们高度重视的原因还有中学生亲子沟通具有其他沟通所不能代替的功能。

首先，亲子沟通是家庭成员之间解决问题的重要方式，也是家庭沟通中的关键方式。亲子沟通不顺畅，一定会影响亲子关系；而亲子关系不顺畅，则会引发父母与子女的矛盾，甚至让心智不成熟的中学生社会化发展与社会发展轨道相背离，从而走向犯罪。

其次，在中学生的健康成长过程中，亲子沟通扮演着非常重要的角色。亲

子沟通不仅会影响中学生的自尊、健康、社会应对行为，对个人发展以及价值观的形成等也都有重要的影响。

亲子沟通的特点主要有亲子沟通的内容、亲子沟通的频率、亲子沟通的主动性、亲子沟通的满意度等。

（1）亲子沟通的内容：研究发现，中学生与父母会经常进行沟通，沟通的内容包括学习、学校和将来的目标以及与同学间的相处等。也有研究发现，中学生与父母沟通少，他们有兴趣的时候才会跟母亲聊一下今天在学校里的情况、乐意交往的同学等，但如“饮酒”“身体发育”“性”等话题却很少涉及。

（2）亲子沟通的频率：走进青春期，中学生和父母的沟通频率也走进了低谷时期。中学生总认为与父母存在代沟，很少有共同的话题，因此沟通较少甚至几乎没有。

（3）亲子沟通的满意度：对亲子沟通的满意度存在一个代际方面的问题，研究发现，父母和孩子对亲子沟通的满意度存在差别，对于中学生而言，亲子沟通满意度较低，他们认为与父母沟通，往往没有聊到一些他们感兴趣的话题，总是跟着父母的话题走。对于父母而言，亲子沟通的满意度较高，认为沟通存在的问题较少。

（4）亲子沟通的主动性：也就是谁先有沟通需求。研究发现，亲子沟通中的女性往往比男性更加地主动和积极，母亲是最积极的，一般是沟通的发动者，而且母亲也更能体贴孩子的心思。

（二）影响自我教育的因素

自我教育的影响因素包括内、外部环境因素。自我教育的内部因素是自我认识、自我感知、自我调节和自我成长，这四个因素合作运作，促进个人的目标实现和全面发展。

1. 自我认知是自我教育的基站

自我认知是个人对自身的思想、道德和行为等的一种认识。自我认知在自我教育中起着非常重要的作用，并且是自我教育的前提。苏霍姆林斯基曾说："人生的真谛确实在于认识自己，而且是正确地认识自己。"只有正确地认识自己，才能了解到自我与社会发展的关系，这样就更能激发大家的兴趣和愿望。

2. 自我感知是自我教育的动力

自我感知是一种情感体验的过程。情感体验让人们在考虑客观和现实是否符合人的需求所产生的回应和体验。情感体验体现了客观事实与自我需要之间的关系。

3. 自我调节是自我教育的保障

个体在自我认识、评价的基础上，选择并确立了自身发展的理想我的目标。而理想我与现实我之间一直存在相当的距离，并逐渐发展为自我教育中的矛盾，如果要想真正地实现自我教育的目标，个体必须自觉地调整思想、心情和行为，用来解决此矛盾。因此，为了实现自我教育的目标，自我调控方式有着关键性的作用。

4. 自我成长是自我教育的目标

在自我教育中，自我认知、自我规划、自我督导不是目的，而最终目的在于使自我得以发展。因此，自我成长成了自我教育的最终目的。所谓自我成长，是指在自我的各种素质中，培养与社会的性一致而不断进步的活动。自我成长过程包括自我实现、自我超越、自我完善三个方面，这三者在自我教育过程中联系紧密，如果缺少任一过程，那么自我成长过程都是不完整的。

通过上述分析，我们可以看出自我教育中的自我认知是产生自我教育的基础，在制订好自我教育计划后，以自我感知为进行自我教育的动力，以自我调节为保障，最终确保自我教育计划的顺利实施；自我成长体现着自我教育发展过程中的形成和更替，是进行自我教育中质的变化。自我教育中的内部因素相互依存、相互促进，共同发挥彼此的作用，进而推进个体的不断进步。这里的自我教育是人们的自我认知转到自我发展和成长，在成长中再形成新的自我认识，这样不断地循环发展的一个自我矛盾的运动过程。自我教育是自我主体的一种自我发展和完善的教育行为，但是，并不是说自我教育是孤立存在的，它面对的有自我、家庭、社会和学校。这些影响是由外向内的。因此，个体必须亲自投入环境中去形成不同的教育形态，促进自我教育外部力量的形成，最终找到自我教育在教育中的价值。下面来解释说明自我教育的外部环境对自我教育的影响。

根据个人的生命过程，家庭是个人自我教育的发源地，也是每个人的第一个接受教育的场所，并且是人生命中最核心的场所。家庭教育对人的发展具有不可磨灭的重要意义，受教育者从出生就受到家庭教育的影响，并且影响一生。然后个人来到自我教育形成的关键场所——学校。学校是个体在未成年前进行教育的主要场所，从个体的年龄顺序开始，学校教育可以分为幼儿园、小学、中学和大学比较明显的四个阶段，学校教育也涵盖了个体走向社会之前的一个关键的生活过程。走进社会，个人就进入了实践自我教育的广阔天地。从大范围讲，家庭是社会的单元，学校是社会的系统。但是，我们这里讲的社会是所有影响自我教育的因素的总和。

家庭、学校和社会三个教育环境彼此都持有相对的独立性。但是在现实中，三者是缺一不可的教育环境系统，它们共同地对自我教育产生作用和影响。而且这些作用和影响是不完全一致的，在个人不同的成长时期，其中一个环境会占据主导地位，而其他两个环境起辅助作用。其中，家庭环境是进行自我教育的重要场所；学校环境是进行自我教育的关键；社会环境是进行自我教育的重要补充。因此，不能简单或盲目地将教育环境对自我教育的影响看成是单一的，更不能认为影响的发展是必然的且是积极的。环境对自我教育的影响，应该扬长避短，然后择善而从之。

（三）促进自我教育，改善亲子沟通

人们对自我教育的认识一直是固执地将其定义在他人的教育之下，是从属于他人教育的，这就导致人们在教育中无视自我教育的存在，从而忽视了自我教育实际的客观作用。首先，自我教育不仅在个人全面发展上有特殊的作用，能帮助受教育者培养独立性和创造性；其次，自我教育能让个人社会化的速度加快，让个人能更好地融入社会；最后，自我教育能让学生除了对学校教育有自觉性外，在家庭教育中更是起着相辅相成的作用。人们越对自我教育重视，也就越凸显了亲子沟通的顺畅进行。

本书希望自我教育能从教育的从属地位走出来，从学校教育的方式之一的定义中解放出来，在家庭和社会里发挥它本来的作用，尤其是在家庭中，自我教育从亲子沟通的过程和影响因素出发，每一个阶段都发挥着重要的作用。自我教育是指导人类行为的最尖锐的武器，也是改善亲子沟通状况的最有效的方式。亲子沟通以心理学作为活动基础。因此，在心理学的指导下，在亲子沟

通过程中，父母和中学生建立了不同的自我教育模式，如保护自我教育模式、错误尝试教育模式、模仿教育模式等，这些模式都是从教育的本质出发剖析如何改善亲子沟通。

首先，保护自我教育模式。法国社会活动家罗曼·罗兰说，青年人总会有一次呕吐，把以往所受的他人教育全部呕吐掉，他才能真正成长。呕吐在人的生理机能上，是一种自我保护行为。罗曼·罗兰说这句话的意思是自我教育必须不停地反省和评价，并且深入每个人的生活和生命中，才能体现一个人在成长中的真正的成熟。因此，保护自我教育模式在中学生成长历程中，一直驱使着中学生向社会化发展，这种社会化也可以理解为有利于生存的状态。在保护自我教育模式中，青少年设定的自我保护的第一层膜体现为对外在的不信任，而这一层膜却对家庭教育没有限制。孩子在呕吐完后，迎来了人生的新的一次飞跃，也提升了亲子沟通的主动性。为了获得更多的关注和理解，青少年理解父母的苦心，并愿意靠近父母，读懂父母，为亲子沟通创造了良好的前提条件。

其次，错误尝试教育模式。在“人的现象中”描述到人类与自然界互动，是从对自然界无处不在的刺激做出反应开始的，也构成了适应和学习的起点。正是这些随时随地的适应和学习构成了人最重要的“试探性摸索技术”。每个人在发展中都会不时地面对新的状况，而这些状况又与个人的目标相矛盾，所以要想成功适应新的状况，个人必须不断地对目标进行调整。人是自然界进化程度最高的生物体，因此这种“试探性摸索技术”也最发达、最复杂、最有效。在这种模式中，父母与孩子保持着紧密的联系，每尝试一次错误行为，都要对是否达到目标进行评价，父母帮助孩子进行客观的自我评价，并以身作则，鼓励孩子对整个教育的过程进行调控，并自我推动着不停地尝试，重复着可能是无效的、无方向的行为，直到最终解决问题。父母也在推动和鼓励中不停地变化着亲子沟通的方式、内容，亲子沟通的改善也更好地维系着中学生不断尝试错误的勇气和力量，最终促使两者和谐稳定地发展。

最后，模仿教育模式。模仿教育模式主要发生在人与人之间，这种互动模式来自“人有做其他人所做事情的倾向”，也就是模仿。人从诞生起就开始了模仿教育模式，在中学生中的模仿教育，最终的演化为中学生表现内心成熟的自我建构，建构越成熟，越能接近社会，亲子沟通也越发成熟且顺利。

自我教育的本质是以生物因素为基础的，自我生成、自我发展，再慢慢地形成自我意识产生自我影响的过程。因此，自我教育从本质上讲是开始于婴孩对成人（这时候的成人更多的是父母）的种种模仿。孩子的主动模仿也让父母注意自己的行为和形象，努力做孩子眼中的榜样。这对于亲子沟通发展中的家庭和谐环境创建有很大的帮助。因为动物的模仿更多的是盲目地跟随、跟从和模拟，比如一群蚂蚁去搬粮食，其他蚂蚁也会一窝蜂地朝这个方向奔跑。同样，家庭环境里的模仿行为是建立在人与人的相互沟通中，所有共同认同的已经达成的一致意见和内涵等。此时，这些意见和内涵都使青少年从最初的需要被供养的生物，转化为开始关注社会和沟通的有情感的物种，也是让亲子沟通真正有意义的开始。

从心理和人的本质基础上建立起来的三种自我教育模式发生在中学生的各个阶段，也从不同的方面改善着亲子沟通。自我教育模式还有很多种，以上只是列举了三个典型模式，中学生与父母在尝试各种自我教育模式中不断取得进步。

第三节 亲子沟通和中学生自我教育的相互影响

沟通顺畅的家庭，培养出来的中学生对生活的满意度、对社会的适应和与其他人交际方面都呈现出良性发展的态势。家庭成员之间越是表达自我的观点，越能接受他人的观点的行为举止越多，那么在这个家庭中的中学生自我教育发展也就越成熟。如果父母能创建一个顺畅地表达情感的亲子沟通的家庭环境，及时对沟通行为进行指导，这对中学生的全面发展尤为重要。

一、亲子沟通与中学生自我教育的现状和问题

（一）亲子沟通的现状和问题

在进行访问调查与调查问卷中发现，亲子沟通的现状与出现的问题有以下两个。

（1）中学生与父母的沟通问题主要表现在沟通方式和沟通内容上，沟通方式上会出现如矛盾、误会、指责、约束行为和沟通不够等问题；父母不给中学生话语权，要求中学生言听计从；涉及不当的沟通内容主要是：课外活动未经商量安排过多，中学生没有假期感觉；在异性交往上，不给予指导而总是要求学生读书，要思想健康；对于理想选择，中学生正处于理想茫然期，父母不给予指导和了解，反而是对孩子的理想直接指定，让中学生学习与理想冲突，学习兴趣不高；对于花钱的问题，父母总是一味地给予，却很少问原因或者是不给，认为中学生总是“花钱”不当，对于中学生行为不好的问题，父母总是

过多地指责，却很少提供帮助等。

（2）通过调查发现中学生与父母之间沟通少的原因主要有三个。一是无话可说，认为有代沟，这主要集中在中学生身上。当父母想要沟通时，中学生心里装着“代沟”二字，所以对于父母的话总是有一句没一句地听着，不会积极配合。二是没有沟通的机会，因为中学生学业繁忙，作业过多或者很多是寄宿生，周末回家；或者是父母工作忙，每周也见不了孩子几次，这样双方给对方的时间都很少。三是沟通得不到理解。中学生认为父母不理解他们的行为和话语，总是拿过去跟现在相比，而父母则认为孩子不懂事，不体贴他们。

（二）中学生自我教育的现状和问题

为了更好地了解初中学生自我教育的现状以及存在的问题，本书从影响自我教育的几个因素出发，制定了八个指标编制出一套自我教育调查问卷，对多名在校中学生进行了调查。

表 5.1　不同人群对中学生自我教育的影响　（%）

因素	父母	教师	朋友	自己
自我认同	25.6	11.5	47.0	15.9
自我激励	43.3	13.0	23.3	20.4
自我目标设定	45.9	13.3	25.6	15.2
自我认识	13.3	11.1	67.8	7.8
自我价值取向	39.3	14.8	19.3	26.6
自我监督	25.2	18.1	45.2	11.5
自我评价	20.7	17.4	47.8	14.1
自我指导	27.8	15.6	18.9	37.7

从表 5.1 中可以看出：不同群体对中学生的影响中，朋友在自我认同、自我认识、自我监督和自我评价四个指标上都高于其他群体，说明朋友对中学生的影响最大，也从侧面说明了中学生对平等和民主、兴趣和爱好等需求的追求。父母在自我激励和自我目标设定的指标上高于其他群体，说明父母对中学生的自我教育引导具有优势，也说明父母进行亲子沟通能激励中学生学习和客观地帮助中学生进行目标制定，这样对亲子沟通也有方向可行。

在不同环境对中学生自我教育的影响中（详见表 5.2），学习生活最能影响中学生自我激励和自我目标设定，说明中学生对学习成绩看得比较重，是学生和家长最关注的话题；业余生活更能体现中学生自我价值取向，中学生认为业余生活能更好地体现自我价值。而家庭生活在八项指标中的成绩都不低，但都不是最高，说明家庭生活对中学生自我教育的发展没有发挥应有的作用，应采取适当的措施加强家庭对自我教育的影响。

表 5.2　家庭对中学生自我教育的影响（%）

	家庭生活	学习生活	班级生活	业余生活
自我认同	**15.7**	**37.8**	**21.2**	**25.3**
自我激励	20.7	35.6	22.2	21.5
自我目标设定	20.0	38.9	23.0	18.1
自我认识	10.4	21.9	38.1	29.6
自我价值取向	20.0	22.2	21.5	36.3
自我监督	17.8	24.4	27.8	30.0
自我评价	13.0	23.3	38.5	25.2
自我指导	16.3	28.5	21.1	34.1

二、亲子沟通对中学生自我教育的作用

在亲子沟通过程中，父母与子女交流的信息更容易被中学生注意到，这些有意义的信息会帮助中学生树立正确看待问题的态度，促进中学生的自我同一性的发展以及自我教育。

（一）亲子沟通对中学生自我认知的促进

自我意识最能代表一个人自我认知的水平。认知的制高点是自我认知。初中是孩子生命中重要的一个时期，而在这一时期，父母最大的任务就是帮助中学生发展自我认知能力，会进行自我认知的人是打不败的。

自我教育的第一阶段是自我认知，自我认知是对自我进行客观公正的认识。不仅要根据个人的身心发展特点进行指导，家庭中的亲子沟通在自我教育的第一阶段要努力提高中学生进行自我教育的积极性和主动性，促使中学生把父母的愿望变成自己努力的方向。

案例：初一学生晓晓学习成绩一向很好，但是进入新学校和新班级后，晓晓总是闷闷不乐，跟同学、老师交流很少。父母通过沟通后，了解到晓晓其实内心很想加入同学之间，但是总担心自己说错话，说些不该说的话。于是晓晓的父母开始肯定晓晓的长处，让晓晓正确地认知自我，鼓励晓晓走出第一步，主动与同学沟通，在需要时给自己积极的心理暗示，如“我是受欢迎的人，同学们肯定会喜欢我”的心态，使晓晓能主动地走向同学。如果在沟通中遇到失败，就在心里暗自鼓励“下一次我一定可以做好，这次是尝试”。另外，也鼓励晓晓观察人缘好的同学是如何与人友好谈话的。通过一系列的沟通，晓晓开始尝试，主动沟通，并慢慢地有了知心朋友。

在上述案例中，因为晓晓在学校里找不到沟通的对象，所以家庭里亲子沟通作用显得尤为重要。父母及时发现晓晓遇到的困难，并积极给予帮助。父母是最懂得孩子的第一人，所以父母鼓励晓晓正确地认识自己，剖析自我，让晓晓成功地走出了第一步。青春期是自我认知概念发展最迅速的时候，父母应该谨慎地引导中学生正确地认知自己。正确的自我认知也是自我教育过程的第一步。

（二）亲子沟通对中学生自我规划和自我督导的提升

自我规划与自我督导是相辅相成的。在恰当的自我认知的基础上，个体大都能够面对自己存在的不足，并根据个人发展的需要，对自己提出新的发展要求，并为自己制订出相应的自我改变的规划，从而达到对自己的心理和行为进行调节的目的。对于大多数中学生来说，他们知道自己应该做什么，但却很少对自己进行规划和督导。事实上，只有个体积极主动地寻求自身发展，才可能达到自我教育的目的。

案例：初二学生王嘉家境贫寒。他知道父母辛辛苦苦供自己上学不容易，自己应该努力学习。但是，对于游戏的沉迷使他很难将心思用到学习上。家长和教师对其进行了无数次的批评、说教，效果都不理想。在学校组织的一次名为“体验职业角色”的暑期实践活动中，王嘉亲身领悟到了不同文化层次的人呈现出的不同职业角色分布。从那时起，王嘉就对自己进行了明确的目标定位。他给自己制定了学习目标：一定要考上市里最好的高中，一定要考上好的大学。同时，他还制订了详细的学习计划，戒掉了网游，并把学习计划贴在床头，每天提醒自己。经过一个学期的努力，王嘉取得了优异的成绩。

在上述案例中，我们看到，王嘉在正确自我认识的基础上，对自己制定了明确的发展目标，并对自己提出了具体的发展要求。由于王嘉具有主动发展的愿望和动机，因而，他在实施自己对自己提出的要求时，表现出极大的主动性，并最终达到了自我教育和自我发展的目的。在这个过程中，父母起到了一个指导者和分析者的作用，以丰富的过来人的经验和观察对王嘉的困惑进行解答，并在自我规划和自我督导过程中起到了检验者和监督者的角色。

（三）亲子沟通对中学生自我践行的推动

行动是活动的绝对执行力，没有践行，自我教育也就成了空中楼阁。在进行亲子沟通过程中，父母通过发现中学生的自我教育践行过程中的不当之处，并进行提醒，进行必要的暗示，并帮助中学生在脑海中形成对自己的判断，以此来监督自己（建议他们设想自己是另外一个自己，另外一个自己是如何来观察现在的真实的自己）。

案例：小贝在父母的指导下制定了每天的时间安排表，刚开始的前几天小贝还能自觉执行，每天按时起床、读书、写作业和睡觉。后来，小贝玩得好的同学都在分享最近在玩的一款新游戏，小贝也禁不住诱惑一起玩了起来。玩游戏很快就耽误了读书和作业的时间，小贝总是心里说："就玩这一次，明天就按计划学习。"可是，今天玩了明天又继续玩。父母很快发现了小贝的情况，于是跟小贝沟通学习与游戏的时间，于是小贝修改了时间安排表，安排了游戏娱乐的时间，但时间的规定不会让其沉溺于其中。小贝明白父母的苦心，并且在内心里很想进步，这样的计划修改让小贝的计划执行得更有兴趣了，并且持续着，期末考试进步很大。

通过上述案例，我们可以发现亲子沟通在这次自我教育的自我践行过程中起着监督的作用，自我践行的推动也需要不停地调整自我规划，父母和中学生在践行中发现与目标的实现相背离的行为，应立即更改或者改变规划内容，这样才会继续朝着最终目标前进。

（四）亲子沟通对中学生自我评价的影响

自我教育过程中的自我评价相当于十字路口，到了这一阶段，要决定下一个方向是向左还是向右。所以，自我评价是对自我教育的一个总结，也是对下一个自我教育的展望。可以说自我评价是一个承上启下的阶段，需要引起我们的加倍关注。

案例：初三学生小兰在学校不愿意与同学沟通，认为同学会看不起她是从乡下转过来的。在家里情绪不稳，经常发脾气，甚至不愿意正视镜子里自己的模样。父母在此过程中鼓励小兰写日记，把每天所见所想记录下来，并鼓励小兰经常地审视自己的日记，增进自我认识。父母邀请小兰的同学来家里给小兰过生日，消除小兰对同学的误解，并鼓励小兰交友。小兰在学习和生活中也渐渐找到自己的长处，并乐于与同学分享了。

在这个案例中，亲子沟通的作用非常重要。因为子女在学校生活遇到困惑并不愿主动沟通，父母扮演了重要的沟通角色，了解自己的子女并鼓励自己的子女用写日记的方式正确评价自己，也继续推进着中学生的自我教育的步伐。家庭的经济依靠和情感依赖是中学生自我评价活动最基本的外在环境因素。家庭应该注重建立平等的有情感的自我评价体系，明确中学生的主体地位，激发中学生的自尊，重塑中学生自我评价的信心，在双方真正平等协作的基础上共同发展。

三、中学生自我教育对亲子沟通的作用

亲子沟通经常体现家庭伦理的人生乐趣，是一种不拘形式的、随时都可进行变化的、活泼积极的教育，可以用模仿和示范等形式表现出来。而这些行为需要得到自我教育的支持。亲子沟通的基础是亲缘情感，情感的升华主动推进人们的内化认识，内化的认识又需要得到人们自我教育的进行，因此，没有经过深思熟虑的过程，内化往往是难以实现的。

（一）中学生自我教育对亲子沟通观念的改善

青春时期的中学生有一种比较常见的心理现象——逆反心理。12～15 岁的孩子生理发展比较快，但是心理发展相对较慢。中学生的两种发展不同步也让他们的身心发展不协调。中学生的自控能力差，容易多愁善感，吸烟、网瘾等问题较多，他们通常不喜欢与父母沟通，时有发生冲突；孩子天生想追求自主，而父母则想控制孩子，这使得孩子在亲子沟通中总是有来自父母的压力，而在进行中学生的自我教育时，能发现自身的弱点和缺陷，并积极地做出改变，不断地使自己的素质得以提升，使自己生命的价值和意义得以彰显。在亲子沟通中，父母通常认为自己的孩子不该犯错，父母指出错误并提醒改正，最主要的还是在于中学生自我发现并改正。

自我教育可以使人拥有丰富的知识、宽广的胸怀、崇高的信念和高尚的道德等，使其能够不负社会和家长的厚望，真正得到社会的尊重。亲子沟通的最终目的是使家庭关系和谐，孩子身心健康。中学生会在生活中和学习中主动找到前进的目标，并积极与父母沟通。

自我教育发展良好的中学生能保持积极向上的态度，并战胜消极态度，于

是面对生活和学习中出现的挫折和不顺利都能保持平常心态，并选择正确的自我控制方式。

（二）中学生自我教育对亲子沟通内容的丰富

中学生是一个敏感的时期，在这一阶段的亲子沟通内容也是敏感的，父母应把握孩子的生理和心理变化历程，在课外活动、异性交往、教育与理想、花钱行为问题等交流上给予及时的指导和关怀。而以自我教育作为心理基础的中学生在面对各类亲子沟通内容时也会积极地回应，有思考的空间，甚至主动与父母沟通。对沟通内容的认同和接受一般要经过三个阶段。

（1）顺应：在亲子沟通中一方暂时迁就另一方，在一些非原则性问题上双方要善于顺应，善于互相体谅，所谓“小事糊涂些”。这对于父母和中学生都是一个考验。中学阶段，中学生正处于“第二次断乳期”，自我意识尚未成熟，但是随着中学生身心迅速发展，自我意识也日趋成熟。这个过程是处于又成熟又幼稚、又独立又依赖的一个重要时期，自我意识的发展过程起伏不定，可能会阻挡自我意识的发展。前面已经论述了亲子沟通对自我教育发展的重要性，自我教育发展良好的中学生的自我意识发展也不错，并能迁就父母的感受和体谅父母，促进家庭环境和谐发展。

（2）同化：顺应的继续与发展过程，顺应原本是不自愿的，只是为了“入乡随俗”，然后顺应后会习惯，会适应，这就叫被同化了。同化过程中更重视亲子沟通环境，在一个和谐的亲子沟通环境中，中学生得到良好的家庭熏陶和感染，相互影响、相互促进，父母用自己的影响作用去“同化”中学生。同时，又通过中学生个体的“内化”作用来构建良好的亲子沟通氛围，使两者有机结合，相互促进。

（3）内化：人们长期生活后，在各方面达到一致、默契，做到心心相印。这时，人与人之间的关系就会融洽；彼此间的性格、兴趣、习惯、作风有一定了解，也就会感到合得来，得到相互补偿。

自我教育能力良好的中学生在这一阶段集中地表现为充分发挥自我教育主体性原则，中学生既是亲子沟通的客体，又是主体，也可以说是主客体的统一体，在亲子沟通内容选择上，离不开主体自身的参与内化。在这三个阶段顺应下，中学生教化自己并接受亲子沟通内容，成长为一个有原则、有追求的青少年。

（三）中学生自我教育对亲子沟通方式的改进

自我教育将学生的主体性体现得淋漓尽致。因此，在亲子沟通中，父母可以尝试以下方式。

1. 父母引导方式

区别于传统的亲子沟通的说教方式，建立在自我教育并不完全是自发的基础上，在父母或者家庭环境的外界的教育影响下，对中学生进行有目的、有意识的自我培养的活动，这就能保证中学生的自我教育沿着正确的方向展开，并有序健康地发展。在这种引导亲子沟通方式中，父母不再以直接教育者或者说教者的姿态出现，而只是一个引导者，一个引导中学生建立正确道德行为的引路者。

2. 父母亲力亲为的方式

在自我教育过程中，无论是中学生进行自我认识、自我要求、自我践行还是自我评价，始终贯穿其中的是他们个体的价值准则，教育的最终目的，也就是为了每一个社会成员都拥有社会价值准则。然而，这一准则的形成，离不开家庭环境，离不开父母的身体力行，受教育者不仅听教育者之言，也观教育者之行。最有效的教育就是父母在生活中的言行举止，父母在亲子沟通的环境中，须以崇高的道德品质、伟大的父母之爱观照于自己的儿女身上，在潜移默化中激起中学生自我教育的需要，从而促进其品德的发展和人格的形成。

3.亲子互动方式

在亲子沟通影响下的自我教育过程，家庭是其主阵地，父母作为家庭的建立者和引导者，在帮助中学生加深和提高对社会道德体系及其要求的认识、克服消极的影响因素而形成的低下的道德品质与先进的道德品质之间矛盾的同时，必然会对自身的道德素质产生影响，从而促进自身的提高和发展。

四、亲子沟通和中学生自我教育的促进作用

沟通是亲子关系的试金石，可以使彼此之间的距离变得更远或更近，是可以增强或者削弱关系的转机。自我教育是中学生成熟的标志，让中学生自强自立，包容理解，促进亲子沟通的和谐发展。所以，无论处于哪种状态，都要看到亲子沟通与自我教育对家庭和谐的价值，从而寻求恰当的化解办法。家庭教育在人的成长过程中具有至关重要的作用，它的独特功能是其他教育所无法替代的。“情感是维系一切的桥梁”，亲子关系是否融洽，亲子沟通是否顺利，是家庭教育是否成功最重要的因素，也直接影响着中学生自我教育的发展。探究良好的亲子沟通对中学生自我教育的促进作用将有助于我们进一步熟悉亲子沟通对初中生成长的重要性。有效的亲子沟通，科学地进行自我教育，努力营

造民主、平等、和谐的家庭氛围，能促进亲子沟通理念的有效实践。

（一）父母在顺畅的亲子沟通中的作用

亲子沟通为父母与孩子的沟通搭建了一座桥梁，这是构建彼此相互了解和尊重的基础。在中学生自我教育的形成和发展过程中，亲子沟通扮演的角色至关重要。在亲子沟通过程中，构建良好亲子沟通的前提是父母的态度。态度是人们在自身道德观和价值观基础上对事物的评价和行为倾向，在现实生活中表现为对一定事物的习惯性反应。根据美国学者霍夫兰德态度转变模型理论，模型中包含传递者、沟通信息、接受者、情境四个方面。亲子沟通是一种双向互动的过程，如果父母作为传递者能因为其威信，与孩子这个接受者有着较大的相似性，那么父母就能更好地传达自己沟通的讯息。在沟通过程中，父母要避免出现明显操纵孩子的意图，这样孩子则没有心理上的阻抗，也易于转变态度。在沟通信息方面的选择，父母要倾向于选择适中或者较大的差异性信息，对于中学生这个特殊的时期，要采取单一倾向信息，这样说服的效果较好。但随着孩子的文化水平的提高，要逐渐提供正反两方面的信息，才能更好地达到说服的效果。在接受者方面，父母要根据孩子的性格特点进行说服，接受者可能会使用一些自我防卫的策略来减少信息对自己的影响。在态度情境方面，父母可以选择预先警告和重复沟通的方式，让中学生接受态度的转变。父母的态度处理得好将有助于中学生健康发展。

（二）中学生在顺畅的亲子沟通中的作用

亲子沟通是个双向的过程，父母与子女都有其重要的作用。构建良好的亲子沟通虽然是以父母为主导，但是构建的目的是让中学生在其中受到影响，并健康成长。因此，中学生也必须要践行沟通，并养成与人沟通的习惯。

双方沟通、理解和谅解的结果是建立了良好的亲子关系，也体现了沟通能力。德国思想家哈贝马斯认为，“沟通是具有言语和行为能力的主体相互之间取得一致的过程”，因此，交往行为的合理性在于，它是以语言为中介的社会互动，必须是在行为当事人通过说理（协商）而共同确定的语境中来对互动行为进行协调，通过沟通能达成的共识，不能是“强制的客观效果”，即屈服于外界影响或暴力，而必须是基于充足的理由，“共识的基础是相互信服”。从本书的角度上理解，人际沟通与亲子沟通一样，是交往中的“生命之氧”，如果人际沟通不顺畅，人的心脏就像是缺氧一样，逐渐萎缩和死亡。因此，在家庭环境中，要积极地教育中学生养成良好的亲子沟通习惯，建立长期的积极有效的人际沟通机制。

无论孩子处于哪一个成长阶段，沟通都是必不可少的。孩子永远需要最亲近人的帮助和指导。虽然随着年龄的增长，与人交往、与人沟通的对象也在不停地变化，交往的范围也在扩展，但是家庭中的沟通却是孩子最初接触到也是最长久的一次沟通经历。

（三）和谐民主的家庭环境对中学生自我教育的影响

家庭环境对初中生自我教育的形成和发展有着深远的影响。如果亲子沟通和谐，家庭相处融洽，孩子的性格会受到良好的熏陶，并一生受益。同样，与他人和谐相处，亲子沟通也就更加顺畅和愉悦。相反，如果在紧张、约束、不和谐的家庭环境中，中学生容易感觉到没有安全，缺乏对他人的信任，容易出现敌意的态度，也不免在以后的人际沟通中，总是怀疑他人，很难与他人和睦相处。

要想形成良好的家庭环境。首先，提高父母自身的素质，加强父母自身的修养，这是创设良好家庭环境的关键和首要条件。家庭教育是言传身教、潜移默化的，父母的道德水平修养影响着家庭的气氛，父母的以身作则非常重要，在要求孩子的同时自己要率先垂范、身体力行，在生活的各个方面为孩子树立榜样，对孩子要做到言必信，行必果。道德文化素养高的父母，更加能够爱护尊重理解自己的孩子，能客观地处理一些沟通矛盾，这就容易形成融洽的家庭氛围。如果家长有出言不逊的过错，就一定给孩子一个合理的解释，向孩子道歉，求得孩子的谅解。因为向孩子承认错误也是教育，要强化教育要求，淡化教育痕迹。

其次，家庭教育要民主化①。平等、尊重、信任是民主家庭的表现，优化教育环境，启发自我教育，创设自主学习的家庭氛围，养成孩子良好的行为习惯。家庭成员之间融洽和谐的关系是家庭实现民主化的基础，家长有民主，孩子才能有“自立”。父母要尊重孩子的个性心理特征，建立民主的亲子关系。但这并不是说让父母一味地迁就孩子，甚至放弃应有的教育，而是要父母洞察孩子的心态，准确把握好教育的时机，因势利导，讲究亲子交往的艺术性、及时性及适度性。

家长要营造和谐环境，家庭氛围和成员之间才会建立人人平等、互相关心、相互尊重、相互支持、互相体谅、互相爱护、和睦团结的关系。情感是双交流，父母要主动与孩子沟通，让孩子有发言权。尊重孩子的意见，倾听孩子的心声。

① 杜菁.用心+创新：呵护学生健康成长——郑州市金水区心理健康教育工作侧记[J].河南教育(基教版)，2023(01):38.

信任孩子的决定，相信孩子的能力，只有建立这样民主的环境，孩子的自立意识才慢慢出现和稳定。父母必须树立正确的成才观，人是有差别的，成长的基础和环境各不相同，成功的道路也是千万条，但对于个人来讲仅有一条最佳的道路，即最适合自己发展的路。成功在于选择，选择在于自知，成功就是选择了最适合自己的路，父母不要用分数和名次让孩子过早地成为“失败者”。创造适合孩子健康成长的环境，提供相适应的条件。在亲子沟通中，父母可以巧妙地使用各种方式进行沟通，让孩子在家庭中感到快乐，给孩子传授稳定长期的良好的精神观，让孩子久而久之养成良好的习惯，最终也就确定了个人积极向上的人生态度。

为了使我们的孩子身心都能健康发展，为了让每个孩子都能成才，为了让每个孩子都具有完善的人格，每个家长都要努力，都要积极主动地多方面配合。通过家庭成员共同营造和谐的家庭环境，孩子会在不久的将来，以良好的社会适应能力和健全的人格迎接无比灿烂的人生。

第六章 网络学习与中学生自我教育

第一节 网络学习对中学生自我教育能力的挑战

一、网络学习概述

什么是网络学习？网络学习最初归于“远程学习”，是指远程教育中继函授学习、广播学习和电视学习之后的一种新的“电子远程学习”，是学生通过计算机网络媒介而获得各类学习资源，在师生时空相对分离的情境下进行的学习活动。因此，直观上，它是远距离的，学生是非全日制的、分布于各地，师生在时空上是相对分离的。但是随着多媒体技术和互联网的普及，现代信息技术对人类生活的影响已经不只带来一种新的学习途径或形式，而是对整个人类的学习方式产生深刻的影响并由此推动教育、教学领域的巨大变革。在这种局面下，我们必须把它与远程学习做一区别，远程学习是为了突破距离的限制，让教学者与学生能在不同的时间做课程的授予，亦即教师与学生未必在同一教室内，而是由学生透过屏幕观看，与他处学生共同由一位（或多位）教师授予相同课程，其中最著名的代表就是以电视为授课媒介的空中大学。而在网络世界里，距离是没有意义的。也就是说，网络学习不必局限在一间教室里，只要网络能够到达的地方就是教室；所以，网络学习应该是一个开放的概念，这也就导致了网络学习的相关概念频频出现的必然性：如 E-Learning、网络化学习、数字化学习、分布式学习、网络教学……至今没有明确的区分，因为计算机网络在教育中的应用方式和普及程度在不断地变化和发展，远程学习已远远不能涵盖。因此很多研究者更倾向于“分布式学习”的概念而不是“远程学习”，它似乎更能准确地用来描述这样一种或多或少基于计算机网络的虚拟化的学习方式。王松涛在《论网络学习》中说道：网络学习从其本质上来说，是开放的概念不需要做严密的定义。而在内涵上，却可以从四个方面去认识：网络作为学习的工具；网络作为学习的对象；网络作为学习的资源；网络作为学习的环境。

就 E-Learning 而言，它是国际上使用最多的一个概念。根据美国 2020 年度《美国教育技术白皮书》比较权威的论述，有以下几种解释。

（1）E-Learning 是一种受教育的方式，包括新的沟通机制和人与人之间的交互作用。这种新的沟通机制包括计算机网络、多媒体、专业内容网站、信息搜索、电子图书馆、远程学习与网上课堂等。

（2）E-Learning 指的是通过互联网进行的教育及相关服务。

（3）E-Learning 提供了学习的随时随地性，从而为终身学习提供了可能，学生以一种全新的方式进行学习。

（4）E-Learning 将改变教师的作用和师生之间的关系，从而改变教育的本质。它不会取代学校教育，但会极大地改变课堂教学的目的和功能。

上述关于网络学习的概念都是从宏观的角度描述的，广义的网络学习的概念莫过于此。广义的网络学习应该是这样一个名词：它不仅从字面上描述纯粹通过网络进行的相对狭隘的学习过程，还描述所有与网络相关的学习活动。之所以用“网络学习”这个名字来表述，是取其进步、发展及其强劲的未来意义的网络文化精神。具体可表述为：广义的网络学习是在以计算机网络为代表的现代媒介平台上所进行的分布式学习活动，这个活动或多或少地与计算机网络发生联系[①]。然而，实践研究者在考察网络学习的时候通常更多地关注狭义的网络学习。从网络学习对计算机网络依赖程度上，可以将狭义的网络学习划分为两类：以网络为主，以网络为辅。

以网络为主的网络学习，是以网络环境为学习的主要支撑，学习活动绝大多数依赖于计算机网络，借助网络媒介学生和教师通过实时交互或是非实时交互，实现主要学习过程的沟通，也可能以少量其他交互方式辅助、完善学习过程，如网络学院、在线资格认证学习、在线企业培训等。以网络为辅的网络学习，是将网络作为学习活动的辅助手段之一，学习活动的中心依然是学生和教师，学习活动的环境依然是学校，学生和教师可以共处同一空间，网络只是总体信息环境的积极补充部分，如课外充电的网校学习、WebQuest 模式、MiniQuest 模式等。

上述无论是广义的还是狭义的网络学习，尽管考虑到了学生本位、关注学生如何进行学习以及如何提供相关学习支持等因素，但它们基于的研究对象几乎都是大学生、接受继续教育的成年人，对基于接受基础教育并传承信息时代网络文化的关键一代——中小学生研究的网络学习几乎没有，这也是本研究中

① 曹梅.网络学习的学习监控和学习评价的理论与技术框架[D].南京师范大学，2002.

的网络学习。因此，在开展本研究课题之前，笔者须先对本书研究的网络学习做个界定。

二、网络学习中的学生和教师

（一）网络学习中的学生

网络学习中的学生是指正参与网络学习或有过网络学习经历和体验的中学生（中学生和高中生），其明显标志是他必须参与过网络学习。很显然，尽管某一学生不是正参与网络学习或不是经常参与网络学习，但他曾参与这样的网络学习，有过网络学习的经历和体验，那么，他就是笔者所指的“学生”，即本研究的研究对象。根据自我教育能力的形成所呈现的特点：阶段性、实践性和不稳定性。阶段性，它决定于学生身心发展的阶段性和自我意识发展的阶段性；实践性，它决定于自我意识的发展是一个实践的过程；不稳定性，它决定于自我意识的社会性、非自发性，即主体自我意识的不稳定性和所处环境的复杂性。所以，在开始本研究之前，我们必须首先分析中学生的心理特点。

1. 中学生的心理特点分析

中学生处于心理发展的少年期，又称学龄中期。这是个体从童年期向青年期过渡的时期，整个少年期充满着独立性和依赖性、自觉性和幼稚性错综的矛盾。尽管此时的抽象逻辑思维已占主导地位，并开始出现反省思维，但抽象思维在一定程度上还停留在以具体形象做支柱的阶段。同时，思维的独立性和批判性也有所发展，但仍带有不少片面性和主观性。少年心理活动的随意性显著增长，自我意识也有较大的发展。这时的自我评价能力较之童年期（六七岁至十一二岁）有很大进展，主要以具体的事实概括为主，能够较全面地评价自己及自己的行为，但由于评价的依据是一些具体的事实或结果而导致自我评价具有客观性。与童年期相比，自我监控能力有较大的进步，能够按教师的要求去预习、按时完成教师布置的作业等。他们开始逐步摆脱对成人的依赖和权威的遵从，有走向独立的倾向。尽管如此，由于他们表现出的半独立性半依赖性、半自觉半幼稚的心理特点，说明他们的自我监控力不强，表现为决心大于行动，制订的计划难以持久维持，出现自相矛盾的行为。还表现为意志调控的目标以近期目标为主、内心需要与意志控制能力失调和行动具有一定的盲目性和冲动性。

2. 高中生的心理特点分析

高中生处于心理发展的青年初期（十四五岁至十七八岁）。这是个体在生理上、心理上和社会性上向成人接近的时期。他们的智力接近成熟，抽象逻辑思维已向理论型转化，开始出现辩证思维。他们能够较客观地看待自我、表现自我、敏感地防卫自我，并珍重自我，形成了理智的自我意识。意志的坚强性和行动的自觉性有了较大的发展，但有时也会出现与生活相脱节的幻想。他们的自我评价较之少年期有很大进步，但有明显的不同，倾向于从有利的方向去评价自己。如若考试成功，他们会把这归功于自己的表现；若考试失败，他们会把这归于试题难、心情不好等自身之外的因素。他们有较强的自尊心，希望得到别人的认可，一旦没有得到他人的承认，容易出现自卑心理。由于他们理想的自我和现实的自我仍面临着分裂的危机，自我肯定与自我否定常发生冲突，所以他们的自我评价仍然需要加以引导。他们的自我监控能力已接近成熟、稳定，能够确定自己的学习目标和学习任务，计划好学习时间，并能很好地根据学习过程调整学习计划。但由于他们的那种评价心理导致他们的自我监控行为很容易受外界的影响。

初中与高中阶段是青少年儿童开始发展自我同一性的时期，培养自我同一性也是这一时期的发展任务。自我同一性是指个体组织自己的动机、能力、信仰及其活动经验而形成的有关自我的一致性形象。自我同一性的形成要求谨慎地选择和决策。教师要理解学生需要大量的机会来体验各种选择和角色，同时提供给学生了解自我的空间。但在传统的教育和环境中，学生的这些很有个性的心理特点并未得到体现，也并未被我们的教育充分利用，呈现在课堂上的就是一问一答（异口同声）式的话语："这个明白了没？""明白了。""知道不？""知道了。""这道题的讲解过程听懂了没？""听懂了。"而自网络介入社会以来，这个时期的学生不再是以前只能听命于父母和教师做出选择的学生了，他们从容地面对网络、选择网络，好像网络就是为挽救他们而来的。他们想要成为使用者，而非只是观赏者或倾听者，于是他们将以往耗费在电视上的时间逐渐加倍地转移到电脑及网络上。他们在网络世界里自由翱翔，充分展示个性，他们特有的心理特点，尤其是潜在未能得以体现的心理特点在这里体现得淋漓尽致！这时候，教育行业的人士，当然包括教育专家，就想着：要是他们在课堂教学中也能这样，那该多好呀！由此开始了探讨网络如何为教育所用、如何利用网络改革教育等一系列与网络相关的教育问题。但当我们在大力发展网络的同时却有众多媒体对网络给学生带来不良影响的频频关注，这似乎形成一种悖论。悲观的人认为，网络为教育所用弊大于利，而乐观的人则认为这为我们教育工作者探索信息时代的学与教的理论和实践提供了新的契机！

（二）网络学习中的教师

据专家们分析：农业经济时代只要7～14岁接受教育，就足以应付往后40年的工作生涯所需；工业经济时代，求学时间延伸为5～22岁；在信息时代，由于信息科技疾速发展，因此每个人一辈子的工作生涯中，必须随时接受时新的教育，都必须持续不断地学习，增强自我教育能力，方能获得成功。因此，知识经济时代的人类必须把12年制的学校义务教育延长为80年制的终身学习。因此，学习如何学习就显得相当重要了。正如世界著名的未来学家阿尔文·托夫勒所言："21世纪的文盲将不是那些不会读写的人，而是那些不会学习、不会选择、不会反思的人。"教师不仅是培养人才的主力军，同时也是信息社会中的成员。面对教育范式的这种转换：教学范式向学习范式的转换，虽然给教师带来了提高自身素质的契机，但更多的是给教师提出了严峻的挑战，这种挑战是前所未有的。教师的挑战依据网络学习和学生的特点可总结归纳如下。

1. 教师失去了对学习资源和学习工具的权威的垄断

从网络学习的第一个特点：网络作为学习资源和工具，可以看出教师不再是知识的占有者和传授者，不再是学生获得知识的唯一来源。在网络学习中，学生希望探索的问题很多，要么超出教师的专业领域，要么是他平时不关心、不留意的；同时学生学习内容的开放性使学生的认识领域大为拓展，吸纳知识的途径由单一变为多元，教师已经不再是学生唯一的知识来源。还有当学生于网络学习中发现或找到了很多能支持他完成学习任务的便利工具，如相关论坛、自我测试工具、评价工具、演示工具等时，以前拿着实体，如三角板、圆规、地球仪等来帮助同学理解某一知识点的教师已被远远地抛在脑后了。一个学生小组在研究“电冰箱制冷的问题”时，学生根据物理学中的能量守恒定理思考电冰箱在制冷过程中一定也会发出同样能量的热，那么这些热是否可以加以利用呢？于是他们去请教物理老师，老师一听不知如何回答，因为这是一个课本上从来没有讲到、他本人也从来没有考虑过的问题。类似的例子还有很多。由于学生在网络学习中学习的内容并不仅仅限于课堂教学、教材、教学参考资料的范围，教师们失去了对书本大纲的依托，也就失去了对学生学习内容的权威与垄断。

2.教师的教学从封闭走向开放

这里的“从封闭走向开放”是指学生的学习内容、学习方式从封闭走向开放，教师的教学方式从封闭走向开放。从网络学习的另两个追随的特点“以探究学习为主要学习方式”和“学生主体地位的突出”可以看出，面对网络中海量的随意性信息、学习内容日渐拓展的学生、网络学习中多种多样的学习方式，单个的教师或者单学科的教师已不再能“驯眠”、满足现在的学生，也不再能独立地完成教学工作，尤其是探究学习这种学习方式的教学。如研究性学习中，涉及的知识面比较广、所需的学习策略较多、意外事件不少出现等。因此，教师在进行网络学习活动教学设计的初始，应该多与其他相关学科教师交流、沟通，必要时建立讨论小组，从以往的封闭教学走向开放教学。这就要求教师学会合作，学会欣赏其他教师的工作和能力，这对于教师而言，是一种工作方式的根本改变。

3.信息传播从单向走向双向

从网络学习的最后一个特点——双向互动，我们可以看出网络学习是突出“双主体”的教学活动，一改往日“主体—客体”“主导—主体”的说法。这里的“双主体”不是相互对立、相互排斥的，而是相互兼容、融合的两个具有主体性的个体。因此，网络学习也就是一种把教与学的对立与统一转化到师生主体性的互动特性中来的教学活动。其实，教与学就犹如一个硬币的正反面一样。只有当我们把教学活动搁置在立体的界面上，并运用更高的视域，更好的视角来观察它，才会发现：教学活动是教师和学生两者主体性互动的统一体，它的两面分别写着“教师主体性”与“学生主体性”的宣言。教学活动的成效如何，取决于两者主体性互动中的有效性和最优化。现代教育与传统教育最大的不同也莫过于教师主体性和学生主体性的协同上。我们经常也能看到参加过“研究性学习实验”的教师的一些体会：“在这种学习活动中，教师只有放下面子，以朋友的身份与学生一起商量讨论有关问题，方能遵循学习目标达到令人满意的教学效果。因为这时的教师失去了以往的优越感。”至此，我们倡导了几十年的新型民主平等师生关系的建立才有了基础和可能。

4. 教师的教学监控能力已成为教师能力的最重要的成分之一

本研究中的教学监控能力是指教师为了保证教学活动有效进行，达到预期的学习目标，在学习过程中，将学习活动本身作为自己实现主体性的对象，不断地积极对其进行设计、组织、评价、反思和监控的能力，主要分为学习活动的设计，学习活动的监察、反思和评价以及学习活动的控制和调节。从上述网络学习的特点及学生的心理特点分析，我们不难看出网络学习对学生主体性的要求与学生主体性的发展阶段之间的矛盾非无主体性的网络所能解决。因为学生的主体性发挥的最终结果还是取决于教师主体性的发挥。没有教师主体性作用的表现，就不会出现教师意料之外的学生质疑，学生的创造与发明，学生的一题多解、一题多议等都是学生对教师主体性作用的借鉴、创造与超越的结果，是学生主体性充分发挥与发展的明证。学生对教师主体性作用的内外表现内容与方式的借鉴、创造与超越的过程，既是学生自身主体性得到开发、得到唤醒的过程，也是学生主体性不断呈现、变化和发展的过程。而教师的教学监控能力就是教师主体性作用的表现指标。

5.批判反思能力成为衡量现代教师的又一重要指标

本研究中的批判反思能力是指教师能借助网络学习过程，不断探究与解决自己教学和教学目的（学生主体性的发展）等问题，将“学会教学”与“学会学习”统一起来，努力提升教学实践反思的行为。知识信息社会对学校教育提出了新的要求：培养具有分析、选择、判断能力的学生。这也是笔者研究课题存在的缘由之一。尽管传统的讲授式教学中也存在反思，但学习的基调是由教师决定，扼杀了学生的批判思考，导致学生学习的消极性。现在的常识是，把讲授减到最少，以适应网络环境下的教学。因此，教师要取得要求学生进行批判反思的权利，必须首先把自己塑造成为批判反思的典范。再者，教师只有不断地批判反思自己的教学，才能实施教学的有效监控，同时有效的教学监控又可推动批判反思行为的发展。前述的调查结果和学生心理特点的分析也表明，培养网络学习中学生的选择判断能力的任务已迫在眉睫。因而，教师唯有在反思性教学实践中不断提高自己的批判反思能力方能跟随现代教学的步伐。

由上所述，我们可以看到网络学习对教师的挑战是全方位的、深刻的，这种深刻性绝不亚于当年中国教育由古代走进现代。一个只会把教科书的内容移到学生头脑中的教师显然已经落伍。不管从个体的意义还是职业的意义上来讲，教师都要成为一个自我成长者，一个能培养“自我成长型人才”的自我成长者。

（三）网络学习与学生自我教育能力之间的差距

在信息技术与人性深刻互动的信息社会，教育思维活动的规范和思维空间的秩序的维护，已不能单纯地依靠外在的强制和训练，而必须依靠社会成员自己的自觉和认同。没有这样一种个体的自觉和自我意识的培养，信息社会中思维空间的秩序的建立和维护是不可能的。因此，现在的教育活动较传统的教育活动更重视学生的学习，特别是学生在学习活动中自身内在的反思和体验，要求的是人们对“在场存在”的超越。这恰恰是“新教育”的一个重要特点。

个人自身内在的反思和体验作为“新教育”的重要形式，正是它强大的生命力所在。对此，英国社会学家安东尼·吉登斯有一段非常深刻的表述。他说：“个体生活中的变换总是需要心理重组，它在传统文化中常常以过度的仪式被仪式化。在这样的文化中，集体层面上的事情与代代之间少有改变，而改变了的认同清楚地处于监视之下，如当个体从青春期迈向成年的时候。相反，在现代性的情境下，变化的自我作为联结个人改变和社会变迁的反思过程的一部分，被探索和建构。”这段话尽管有些晦涩，却非常明确地表达了一个意思，即在信息社会中，反思的活动和过程在人们的思想变化以及自我建构中具有非常重要的作用，而不仅仅是一个外在的仪式化的过程。在全国第八次基础教育课程改革、高中信息技术课程及众多的教育政策性文件中均反映了适应今日信息社会的教育特点，同时也反映了新的教育理念的形成——关注每一位学生的发展，为了每一位学生的发展。显然，只有通过内在反思和体验的自我教育而形成的自我，才能真正建立起在这种思维空间中的自我同一性。这里反映了一个主体的变化，体现了一个本位的变化，即学生真正成了这种反思和体验的不可替代的主体，而且，学生自我的学习活动和发展成了这种反思和体验的基础与本位：互联网的出现为确立学生的这种主体地位、为使学生的学习活动成为本位、为实现整个教育活动的一体化等，提供了必要的保证。正是由于这种以互联网为基础的网络学习的出现，才使得学生的学习具有更大的选择性。“选择”之所以成为网络学习的一个首要特色，是因为网络信息急剧膨胀和网络技术的广泛应用，使摆在学生面前的学习资源千倍万倍地膨胀起来，这就需要选择。选择的过程就是个体进行反思、评价和监控的过程；选择的结果，必然是教育的精细化和多元化，这也就是我们追求的“新教育”。

然而，学生在网络学习中的自主性仅仅停留在对信息的占有能力上，尚不具备深层次上的自主性，即进行自我反思、自我判断等活动，自我教育能力存在内在的不平衡性。中学生的自我评价能力和自我监控能力更多的还只是停留在“意识”，而非“能力”。被学生看作他们自主性发挥的救世主的“网络”，从一开始就隐藏了他们摆脱“传统权威”转而依靠“网络权威”这一举动的危险性。因为网络的开放性和自由性决定了这个“权威”的不可靠。旧的权威被蔑视，新的“权威”不可靠。我们不禁要问：网络时代，学生们的自我教育能力足够强吗？

今天，在日益关注和重视学生主体的“新教育”里，自我教育被注入了新的元素，爆发了它潜在的强大的生命力。信息素养或信息能力成为信息时代对人们的基本要求，成了与读、写、算并列的支柱，导致了传统文化教育格局的裂变，这在纷纷出现的众多研究者及专家学者的观点和文献中得到充分的反映。殊不知，要发展和提高学生的信息能力，就必须先发展他们的自我教育能力。正如顾莲芬所说的，人要发展必须具备多种能力，而自我教育能力是诸种能力中最基本、最重要的能力。只有具备了自我教育能力，个体才能主动地去发展其他能力[①]。

三、“自我教育能力”的追根溯源

（一）自我意识理论

一直以来，自我意识就是哲学、心理学研究的重要课题之一。自我意识最早的研究开始于哲学：从德国哲学家康德先验统觉论中的“独白式自我”、费希特“孤独主体的自我”、黑格尔“语言、劳动中的自我”，到胡塞尔的基于理论现象学的“主体际性理论”的提出，标志着作为主体的自我从单数向复数的过渡，也标志着个体性的自我意识理论向人类共同性的自我意识理论的扩展。后来，哈贝马斯从对上述哲学家的自我意识理论观点的梳理过程中认识到传统意识哲学范式的弊端，并在黑格尔、胡塞尔那里找到交往理性的最早痕迹，最终实现其语言交往范式的转型。自我意识在心理学领域的研究在构造主义心理学、行为主义心理学、人本主义心理学及现代认知心理学中都有不同程度的体现。不过，以罗杰斯为代表的人本主义心理学的产生和发展大大推进了自我意识在心理学领域的应用研究，直到现代认知心理学元认知的出现。它更是深刻揭示了自我意识在认知活动中的规律，说明了自我意识对人的认知活动监测和调控作用。

什么是自我意识？这是心理学领域长期争论的问题，对此各国心理学家提出了各种各样的观点。在此，笔者引用田守铭在《自我意识和大学生的自我教育》中的观点，即自我意识是一种多维度、多层次的综合性的心理活动系统，

① 杨筌淞. 论网络学习中学生自我教育能力的提高[J]. 明日风尚，2017(14):221.

它表现为人对自我的生理、心理及社会关系诸方面的认知、体验和调节，渗透于整个心理和行为中，并对之起调控作用。其主要包含以下内容。

（1）自我意识是个体对自我（包括生理、心理及社会关系诸方面）的意识。

（2）自我意识是一种多维度、多层次的综合性的心理系统，它不仅体现在认知上（自我认识），而且还体现在情感（自我体验）和意志（自我控制）上。

（3）自我意识不是与其他心理活动并行或独立的，而是统领人的整个心理和行为，并渗透其中，对人的心理和行为起调控作用。可见，自我意识具有自觉性、社会性和能动性。

从意识活动的形式来看，自我意识有认知、情感、意志三个维度。自我认知属于认知维度，包括自我感觉、自我观察、自我观念、自我分析和自我评价等；自我体验属于情感维度，包括自我感受、自爱、自尊、自恃、自卑、责任感、优越感等；自我控制属于意志维度，包括自立、自主、自制、自强、自律等。据此，我们认为，自我意识是对自我（包括生理、心理及其活动状态等，这里指学习行为）的认识、评价、监控，从而对人的心理和行为进行调控，起到调节系统的作用，这可以从现代认知心理学中的认知图式理论和认知不协调理论两个方面得以解释。

从上述中我们可以发现，自我意识并不是生来就有的，而是在社会交往活动中，随着语言和思维的发展而发展起来的。在这一过程中，逐渐形成了自我评价、自我体验和自我监控三种心理成分为基本要素的自我意识体系。

（二）自我意识理论在教育中的应用

根据自我教育能力的界定，可以认为自我意识是自我教育能力的核心要素，因此，自我意识的发展过程、结构要素、运行机制及其在教育中的应用，将为自我教育能力的培养提供理论依据。其实，早在苏霍姆林斯基提出了“真正的教育是促使自我教育”的命题之时，就开始了自我意识理论在教育中的应用。但遗憾的是，当时的教育学，无论是教育理论还是教育实践，都没有注意到教育过程中一个极其重要的角色——“第四个雕刻家”，即进行自我教育的受教育者个人。随着人们对学生在教育过程中的地位、作用的认识，在“让学生成为学习的主人”“提高与发展学生的学习能力”唱响信息时代教育主旋律的背景下，越来越多的人意识到学生主体是一个不可忽视的因素，而学生自我意识的充分发展、自我教育能力的逐步提高是实现其主体性的必要前提。因此，最近一段时间，自我意识理论在教育界受到广泛关注。自我意识理论在教育中的作用就在于促进教育内化的实现。

由于自我意识是内隐的，在教育中就存在一个如何使其外显而便于控制的问题。发展意识的目的在于个体本身并不仅是为了能更好地受到教育，更在于实现个人的自我教育，也可以反过来说，自我教育是发展自我意识的手段。然而，要想实现自我教育，发展自我教育能力是关键。因此，自我教育能力的构成也就是从自我意识的三种心理基本要素中演绎而来的，即自我评价能力、自我体验能力、自我监控能力。正是因为这种演绎使得自我教育能力的形成呈现以下三个特点。

（1）阶段性，它决定于学生身心发展的阶段性和自我意识发展的阶段性[①]。

① 马运朋. 网络教育平台界面的学习心理设计研究[J]. 中国教育信息化，2015(05):76-78.

（2）实践性，它决定于自我意识的发展是一个实践的过程。

（3）不稳定性，它决定于自我意识的社会性、非自发性，即主体自我意识的不稳定性和所处环境的复杂性。这就决定了自我教育能力的形成需要主体在教育者（这里的教育者不仅仅指教师）的帮助下自觉地努力。维果斯基在心理发展中强调活动和社会交往在人的高级心理机能发展中的突出作用，他认为，高级心理机能来源于外部动作的内化，这种内化不仅通过教学，也通过日常生活、游戏和劳动等来实现。内化和外化的桥梁便是人的活动。

自我教育能力，从其实质意义上来讲，就是一种高级心理机能。当然，它的发展也需要通过一些外部动作来实现。像自我意识一样，它也不是生来就有的，人类来到了这个世界仅仅是具备自我教育的潜在能力，这种潜在能力能否转化成或在何种程度上转化为现实的能力，关键在于发展学生自我教育能力的教育环境和教育方式，即影响其心理机能的外部因素的刺激。加涅认为学习条件是影响学习的一个主要因素，学习条件包括内部条件（先前习得的性能）和外部条件（刺激环境），学习环境就是一个重要的外部条件，学习是一个动态的建构过程，随情境的不同而发生变化。根据自我意识理论在传统教育中的应用实践（教学活动、师生关系及班级组织实践等），我们可以看出，在传统的课堂教学里，影响学生自我教育能力形成的教育环境主要是教师、学生和教材组成的课堂环境，教育方式主要是接受式教学，其中教材、辅导材料和考试构成了整个教学过程的中介和反馈系统，是维护教师权威、控制学生的手段和教学活动顺利开展的保障。然而，随着网络对现行教育、对现行课堂教学的爆炸性渗入和迅速蔓延，原来的教育环境和教育方式将不能，客观地说是已不能教育借助提供广大自我发展空间的网络来充分展示自我、发展自我的学生。现在的教育环境已从课堂环境拓展到网络学习环境：教育方式从单一走向多元，更多的是学生自主选择，并不是教师所能控制的。教学资源和教学评价构成整个教学过程的中介和反馈系统，是联系师生关系的桥梁和学习活动顺利开展的保障。因此，教学环境和教学活动也就成为网络学习中培养学生自我教育能力的“主战场”，本课题即以此作为研究的起点。

第二节 中学生自我教育网络学习环境

任何的教学活动都是发生在特定环境中的，而环境是影响学生主体性发挥的重要因素之一。传统教育中，教学活动依托的教学环境主要是课堂，完全由教师控制的课堂，学生的学习变成是他人（教师和家长）控制下的简单重复。此时，学生的自我教育能力（这里主要指自我监控能力和自我评价能力）是学生在教师、家长的监控下把他们的意图付诸实践的过程中发展起来的，并未经由学生自我实践形成，只能说是发展了学生的自我教育意识，还称不上自我教育能力。教师在教学实践中已形成了“既然没有坏处，为什么不对学生加以控制呢？”这样的思维方式。“没有坏处”就是他们的标准，是他们进攻的前沿阵地，也是他们退守时可退守的城堡。这就是为什么我们会经常听到“幸亏加强控制，否则问题会更为严重”的感叹。由于控制的教育环境影响的滞后性和发生原因的不明确性，教师这种刻板的思维方式在传统教育中就有了广大的生存空间。如此一来，学生的主体性就被压抑、被扼杀，何来创造性思维？然而，当我们惊异于学生比教师和家长更从容地接受网络、更熟练地利用网络、更轻松地活跃于网络时，当我们反思学生如此痴迷于网络、网络论坛时，当教师发出“这个真的是他或她写的吗？竟然出自他或她之手”的疑惑时，当教师反思课堂中的学生不再是一个简单的条件反射体时，教育目的观、师生关系观、学生观、学习观等一系列的教育观念已悄然发生改变。基于基础教育的现实状况，在教育信息化的波浪式进程中，它尚可苟延残喘。但在未来的教育中，以这种教育环境和教育方式来培养学生的自我教育能力肯定被逐出。因此，在教学过程中通过学习活动促进创造思维的发展，构建一种有效支持学生进行自我教育并能够为学生提供自我发展空间的学习环境是非常必要的。

一、中学网站现状调研

构建学习环境之前，我们必须首先了解现有的支持中学生学习的学习环境的情况。众所周知，在基础教育仍以传统的课堂教学为主，网络还只是它的一种延伸和补充的当前，各个学校的校园网应该是课堂教学顺利展开所依托的最佳环境，对本研究更是如此。虽然近些年来中小学校园网的发展很快，但现时校园网发挥的作用表明那只是教育上层在寻求国家间教育改革的平衡所做出的市场扩展，并非学校的自觉行为，其后果就是校园网在教育中的应用难免牵强附会，浮于形式。现在越来越多的人，特别是教育专家们已经意识到了这一点，他们也正在探索着[①]。从用搜索引擎搜集的众多文章中，我们可以看出对中小学校园网的探讨已从过去的重视技术和设备的先进程度过渡到现在的重视教师的教学过程，主要针对教师的课堂教学和如何更好地辅助教师教学。从

① 黄志汉.初一学生自我意识发展状况及教学促进策略研究[D].内蒙古师范大学，2011.

学生学习的特点和如何支持学生自主、协作、讨论等学习活动的角度来探讨校园网的文章却很少。

相关的理论研究尚且如此，现时的校园网状态又能如何？据此，笔者调查了南京市 41 所中学的校园网，重点调查 6 所有代表性的中学网站：南京十三中、中华中学、金陵中学、南京外国语学校、南京宁海中学、南京二十九中，发现这些学校的网站开设的主要栏目有学校简介、校长寄语、师生风采、校园新貌、教学设施、学校荣誉、友好往来、家长通信、校友通信等，尽管中华中学还设有试题库、学习资料、多媒体课件、备课资料、课件素材等教学资源栏目，但仍摆脱不了仅服务于教师教学的功能。这些网站的主要功能集中在行政管理、对外宣传、新闻传送、教师备课等，而极大地忽视了网络环境下学习的特点、学生学习功能以及学习资源功能的开发，模糊了学校网站服务的对象和管理运行的主体。在没有选择余地的时候，他们能做的只有“接受”，在有权抉择的时候，他们就会去“选择”。目前，我们的中文教育类网站有很多，学生选择的余地很大，既然学校的网站吸引不了他们，他们自然会光顾其他网站。这也难怪出现众多相差无几的如下调查结果：占上网总人数 20%左右的学生上网的主要目的是玩游戏、交友聊天、娱乐和发邮件。而美国儿童有线电视广播公司的调查结果是：67%的儿童上网是为了获取信息，65%的儿童是玩游戏，49%的儿童是聊天或使用 BBS，48%的儿童是利用互联网做研究和创造性的活动，46%的儿童是下载网上资料。数据表明，美国中小学生利用网络最主要的目的是获取信息，以及做研究工作和创造性的工作。为什么会出现这一现象呢？应该说，至少目前来说，学生获取信息最快捷、最有效、最合适的学习信息的途径是自己学校的校园网，学生能够在其被分配的空间里充分发挥主体性、展示其个性的环境也是自己学校的校园网，各个大学的论坛就是很好的证明。

究其原因，主要在于以往我们过于关注教师教学环境的建构而大大忽视了对学生的学习环境的设计，过于关注教授者应对网络学习的环境需求而忽视了学生主体的环境需求，我们应该从网络环境下学习方式的转变、学生学习的特点以及如何支持学生学习的角度出发设计学习环境。笔者认为，如果要把学生培养成为终身学习社会中的自我教育者，就必须为其设计和创设能够提供相应支持的学习环境，这个学习环境应该以学生主体和学生学习为中心能够给予他们充分发挥主体的活动空间，还能引导他们利用资源进行学习等。

二、网络学习环境

带着上述对现有中学校园网站的反思，结合本研究课题，笔者开始了对本研究中的网络学习环境（即建立在校园网上的网络学习环境，以下简称网络学习环境）的构想，认为思考的逻辑出发点应是：突出主体、学习过程、学习心理。本设计只定位在理论层面，不涉及技术实现方案。根据上述提到的自我教育能力形成的特点，我们知道其中的“不稳定性”是指主体自我意识的不稳定性和所处环境的不稳定性，而中学生已具备的自我教育的内在动因，即潜在的自我教育能力能否转化或在何种程度上转化为现实的自我教育能力，关键在于发展学生自我教育能力的教育环境和教育方式。教育方式是渗透到教学活动中的，而教学活动又要依托教学环境。因此，我们首先必须建立一个能够支持教师教和学生学的网络教学活动的外部环境，也就是本研究中的网络学习环境。

这样，我们进行在网络教学活动中如何培养网络学习中学生的自我教育能力的探讨才有可能，才有具体的意义。

众所周知，我国的基础教育正全面启动课程改革的工程，正在大力推进信息技术在教学过程中的普遍应用，逐步实现教学内容的呈现方式、学生的学习方式、教师的教学方式和师生互动方式的变革，为学生的学习和发展提供丰富多彩的教育环境和有力的学习工具。但目前，基础教育现实情况还是以传统的课堂教学为主。因此，中小学校园网是中小学网络学习活动赖以生存的最现实有效的学习环境，是培养中学生网络学习中自我教育能力的最佳教育环境，同时也是寻求信息技术为课程改革服务的突破口的最佳途径。很显然，这样一个学习环境的构建是必要的，也是迫切的。

（一）网络学习环境设计的理论基础

当校园网络的设计者听到用纯技术的眼光来规划和设计校园网，不是从学校教学过程的实际出发，以功能作为选择技术和硬件设备的标准，而是片面追求技术的先进性这样的批评时，总是感到很冤枉和委屈：在设计中我们是认真征求过校长、教育局局长、有经验的老教师意见的。然而他们忽视了这样一个问题：大部分教育工作者虽然具有丰富的教育实践经验，但是由于他们不了解信息技术以及在多媒体和网络环境下教育将发生的巨大变化，因此很难提出校园网络建设的功能需求。从某种意义上来说，教育技术专业人士应该是这个研究领域性价比最高的专家，因为只有专业的人才有可能综合教育学理论、心理学原理和计算机技术，做出嫁接理论和实践的有效模型。多元智能理论是由美国哈佛大学心理学教授霍华德·加德纳于1983年提出的。MI理论认为人类的智能是多元化的，具体包括以下几个方面。

（1）语言智能：指用语言文字表达、思考以及欣赏语言文字意义的能力。

（2）数理逻辑智能：指数学运算、逻辑推理与分析的能力。

（3）视觉空间智能：指运用空间思维、图像思维的能力。

（4）肢体动觉智能：指运用身体操纵物体和调整身体的能力。

（5）音乐智能：指对音乐符号、旋律、节奏、音色及音质等敏感的能力。

（6）人际智能：指善解人意、善于交往的能力。

（7）内省智能：指能正确感知自我、认识自我的能力以及计划和引导自己人生的能力。

（8）自然观察者智能：指能细致观察自然界中的各种动植物形态及生态系统，并能进行辨别与分类的能力。

（9）存在智能：指的是陈述、思考有关生与死、身体与心理世界的最终命运的倾向。

每个人在某种程度上天生都具备这9种智能的潜能，每个人又各有其擅长与不擅长的智能。学生的个性千差万别，人人都有与生俱来的个性潜能，这就为培养个性化人才提供了广阔的前景。作为网络学习环境设计的基础理论，它为设计和评价学习环境提供了不同的思维方向。因而，有效的网络学习环境应该有利于学生潜在的智能，尤其是内省智能的充分开发。如现在很多优秀的教育网站和专业教学网站都做到了这一点：提供自我激发机制，允许自定步调学习，布置自我导向的任务，帮助学生设定目标并提供反馈，提供各种自我检测量规、自动评价软件等。

注意理论。学习的过程就是人的信息加工系统获取、储存、加工和使用信息的过程[①]。由于信息加工系统的能力有限，人不能同时应用一切可能的信息，也不能采取一切可能的行为，因而人必须采用一定的行动方案、计划或策略，从而体现人的主动性和智慧性。在这些策略中，有一个重要的方面就是对来自各方面的信息的选择，即注意。注意作为心理活动的调节机制在近代心理学发展的初期即已受到重视。然而，后来随着行为主义和格式塔心理学的兴起与传播，对注意的研究几乎被完全充斥。自认知心理学兴起以来，对注意的研究，就成为认知心理学的一个重要领域。认知心理学强调人的心理活动的主动性，将注意看作信息加工的重要机制，以求了解人能同时加工信息的数量，注意的分配、保持和转换的特性等，来保证网络社会中人机系统的工作效率和可靠性。注意分为无意注意和有意注意两种。我们在设计网络学习环境时要研究注意理论，如何吸引学生和教师的有意注意，这个有意注意应该就是经常用于商业网站竞争中的“注意力”术语。如 8848、搜狐网站的成功在很大程度上就是注意力理论应用的成功。有人号称，人类的注意力作为一种新的资源在未来资讯爆炸的年代将成为短缺的资源。所以，我们经常听到“互联网时代，谁拥有最多的注意力，谁将拥有最大的获利能力”这样的话语。

认知负荷理论：认知负荷理论认为影响认知负荷的基本要素有三个：先前经验；学习材料的内在本质特征，尤其是因素交互性；材料的组织和呈现方式。所谓先前经验，主要是指个体在长时记忆中所具有的图式的数量和质量。对于特定个体，先前经验确定，认知负荷主要取决于学习材料的本质特征以及材料的组织和呈现方式，前者引起的认知负荷称为内部认知负荷，后者引起的认知

① 于瑞娜，王雪燕，王保伟. 基于注意理论的教育游戏界面设计[J]. 中国教育技术装备，2011(21):99-100.

负荷称为无关认知负荷，意指由无关于学习的认知活动所引起的认知负荷。当由学习材料的本质特征所引起的认知负荷较低时，学习材料的组织和呈现方式并不重要，反之，则学习材料的组织和呈现方式十分重要。认知负荷理论还认为人的认知资源有限，应尽量将有限的资源投入与学习有关的活动中去，强调学习材料的组织和呈现方式对学习效果的影响，这一观点正与情境学习和建构主义学习观相吻合。它对网络学习环境设计的启示是：设计资源模块时尽量降低学习资源的组织和呈现方式所导致的与图式获取和规则自动化无关的外部认知负荷，应向学生提供信息代理之后有“自我建构”空间的学习资源，即考虑学生与学习资源呈现方式间的交互作用，这与建构主义的观点“学习是一种积极主动的建构过程，学生必须积极参与各种建构性的活动”并不相矛盾。

（二）网络学习环境设计的原则

此处的网络学习环境的设计不同于一般的教育网站的设计，也不同于专业教育网站的设计，更不同于纯粹网络资源库的设计，它是针对如何有利于现时的中学生在网络学习中发展自我教育能力这一问题来设计的，有自己的一套设计原则。

1. 资源建设应该给学生和教师留有一定空间

学生是学习资源的消费者，但是依据网络的基本特质：网络中的人是积极行为的主体，为此我们认为学习资源的消费者也不应该仅仅是一个消费者，更应该成为学习资源的积极建设者，这样他的思维才会不断创新；这主要体现在学生和教师在网络里被保留的痕迹、上传的精彩片段等。教师，最接近学生，是学生开展学习活动的帮促者、同行者，在学习过程中起到了一定的顾问作用，是课堂教学的教学设计者、组织者。因此，建设这类学习资源必定少不了教师。

2. 资源呈现的内容应是学生需求激发的

资源呈现的方式应遵循上述的认知心理学理论。第一个问题是极难处理的问题。真正的需求源于实践、源于科学而系统的思考。数字化学习资源的需求来自学校教师的整合型课改，来自学生新型的自主探究学习活动。数年来，我国课程整合的实践正在稳步推进，但是我们冷静地思考，就会看到仅有的实践尚不能有力支撑学习资源建设过程中学习研究的需求。同时，没有这类对学习资源的需求，资源建设也就没有必要。所以，我们必须在网络学习的实践中逐步明确资源的需求，以建立高效的学习网站。

3. 应建立学习管理模块

以充分满足学生的个性化学习需要，体现学生的主人翁地位。学习管理模块主要包括学生管理和资源管理。学生管理主要办理学生作为这个微型社会的合法公民的身份证明，支持并保障学生在这里的生存权利；而资源管理主要是提供学生解决个人温饱的发展机会和空间，可以说是实现学生个性化学习，发展创造性思维的基本条件和必要条件。

4. 应有高效、智能的学习支持模块

网站设计的出发点是突出主体、学习过程、学习心理。基于此，我们的技术人员、教研人员及教师们都必须承担学习支持的角色，必须考虑怎样扮演好设计者、组织者、顾问等角色。我们的这个环境是为了培养学生网络学习中的自我教育能力，没有一个高效智能的学习支持模块，如何发展学生的自我评价能力、自我监控能力，如何有效体现学生的这种能力呢？

5. 应有完善的多元评价系统

这里所说的多元不仅指评价主体的多元化，还指评价方式和评价对象的多样化。评价贯穿在整个学习过程中，不同的学习方式采用的评价主体、评价方式、评价的对象均有所不同，评价系统应有将各类的评价信息汇总、分析和统计报表，并以不同的形式（如数、文字、表格、统计图形等）来表示评价结果的功能。因为自我评价能力是自我教育能力中的基础，而自我控制能力是在正确的自我评价的指导、影响下发展起来的，反过来又促成了自我评价。

（三）网络学习环境设计

我们在上面已讨论了学习网站设计的理论基础和设计原则，下一步就是具体设计的问题。在上述调查、分析和研究的基础上，结合本研究中的网络学习的特点，笔者将学习网站设计成三大功能模块。

1. 学习资源模块

本研究中的网络学习是将网络作为学习资源和工具，也就是说，网络是学生和教师开展网络学习获取资源的主要渠道；以探究学习为主要学习方式，说明资源模块的设计要有利于学生主体地位的发挥。因此，笔者将学习资源分为隐性学习资源和显性学习资源两类。

（1）隐性学习资源

隐性学习资源是指学生上传自己在学习过程中收集加工的资料、获取的数据、积累下来的成果作品、反思性日记，在网站论坛上针对某一主题所跟的帖子等；教师除了上述外，还有在教育科研、教学实践等工作中的感悟、反思和研究。但是体现在学习资源模块里是经过分类整理的，便于学习资源在学习过程中的不断丰富和更新，实现有效共享。如张建伟老师在其“认知理论与教育技术”这一研究生课程中，设计了一个 WebQuest 活动：“探问建构主义学习理论”，其中讨论板中就出现很多学生的思考点滴、阶段性学习的笔记，还有小组讨论的成果。

（2）显性学习资源

显性学习资源根据信息过滤的主体不同分为三级：一级是经专业知识机构和教育 IT 企业过滤的资源，如学习网站中提供的外部链接；二级是经学校信息中心和教研人员过滤的资源，如相关文献资料、相关案例、学生作品集等；三级是经学校教师和学生过滤的资源和教师、学生上传的未经加工的优质资源。这三级资源是不可颠倒、相互连续的整体。

2.学习管理模块

学习管理模块的总体目标是为学生提供其在学习活动中进行阶段性自我反思和自我监督的空间，以支持学生的个人知识建构和协作知识建构，主要包括学习历程管理和资源管理。

（1）学习历程管理

学习历程管理是为支持学生阶段性地对自己某一阶段的学习主题活动的档案、活动记录及总结反思的反思和监控而设计的。例如，期中考试结束了，教师在帮助同学们总结反思的同时，要求学生去看看自己的学习历程：学习档案、活动记录及自我反思，引导学生对上一阶段的学习档案、活动记录及反思进行总结、整理和反思，把总结反思的内容也保存在学习历程管理中，并注明日期，还可为其命名，这对学生下一阶段的学习有一定的借鉴和监控的作用，学生也可以在一定程度上对自己进行监控。经过如此反复的过程，学生的自我评价能力和自我监控能力就会在不知不觉中得到了发展。

（2）资源管理

资源管理是支持面向不同主题学习活动的个人资源、小组资源和公共资源的组织管理，从而能够帮助开展学习活动的教师和学生方便、快捷地围绕学习主题构建一个微型的“数字图书馆”。网络因为它的信息快捷性使它在某种程度上超越于各个学校的图书馆，这也就是为什么我们经常听到“上网查一下不就知道了？”“你的这个不错，共享一下”“你太好了，你的好多资料笔者都能用得着”“他平常很注意资料的积累和消化，所以提出的观点不错”这样的话。所以，资源管理对学生产生自我反思、自我监督的行为有内在的刺激和激励作用，也是不可或缺的。

3. 学习支持模块

网络学习中学生是以探究学习为主要学习方式，注重多元交互的学习活动，这就要求学生必须充分发挥主体性，但由于学生的特点、现实教育的情境又使学生主体性的发挥难免存在一些阻碍。因此，我们要提供学生所需的学习支持服务（根据本书中网络学习的定义，这里主要是指工具支持）以吸引和促进学生投入学习活动，更好地实现个性化学习。根据网络学习中学生自我教育能力的现状，笔者将它分为学习认知工具和学习评价工具。

（1）学习认知工具

认知工具的概念来自认知心理学领域，广义地说，它包括一切能支持、引导和扩展用户思维活动过程中的智力方法或技术设备。因此，认知工具又分为两种：一种是有形的认知工具，即技术设备，如在线/个人笔记本、检索工具、作品展示工具、书签、在线字典、日历、学习日志、聊天室和各种沟通协作交互工具等，另一种是无形的认知工具，即智力方法，它包括一系列的认知策略，如语义网、概念图、元认知策略、交互策略和脚手架等。由于认知工具能支持人们的认知过程，简化学生的学习任务，使学生更有效地学习。因此，个性化的网络学习环境应该尽可能提供丰富的学习认知工具，以适应学生个性的差异，使学生在有效的教学引导下充分发挥元认知潜能，发展自我教育能力。

（2）学习评价工具

网络学习中对学生的评价更注重对学习过程的评价、学习过程中的自我反思和自我体验。因此，笔者把学习评价工具模块分为：学习档案袋，是一种新近发展起来的过程性评价工具，可以实现对学生学习过程及学习效果的定性和定量评价。问题—反思评价表，就是以问题提示的形式督促学生反思。活动记录表，是主要用于小组学习中评价个人对小组的贡献度的一种工具。祝智庭教授将它定义为“一种结构化的定量评价工具”，是使用最为普遍的一种评价工具。因为它不仅关注学习过程，且可操作性好、准确度高，很受教师和学生的欢迎。学习契约，也称学习合同，是学生与帮促者之间的书面协议或者保证书。学习契约允许学生控制自己的学习进程，满足个性化学习的需要，同时，教师可据此调控和引导学生学会控制自己的学习进程，从而帮助学生学会自我评价。

（四）网络学习环境的评价

根据本研究中对网络学习的定义，网络学习环境的评价主要是针对学习资源和学习支持的评价。为什么评价？按照发展性评价的理念，评价绝不仅仅是区分，更主要的是自我调节行为。那么对学习资源的评价绝不仅仅是标示某一学习资源单体的合格，它的终极目标是通过评价的过程，最终消费者（学生、教师）来选择所需的学习资源；通过评价吸引更多的资源消费者，提高学习资源的代价——收益率；通过评价，资源的建设者不断自我发展，不断建设更高质量的学习资源。对学习支持的评价也绝不仅仅是装饰一下网络学习环境，更需要的是学生通过评价的过程，来选用自己所需的学习支持工具，它的最终目的是让学生获得更加个性化的支持服务，充分发挥主体性，发展自我教育能力，实现个人教育的信息化。

评价主体是谁？从本书中的资源构成可以看出，评价主体应该就是上述的设计者、组织者、运用者。这里笔者从资源的运用来简要说说评价主体：学生，作为最终消费者，学习资源的最终评价者也应该是他们。评价不仅是评判，更多的是调控具体学习活动中的学习资源选择行为。同时，教师在教育代理服务机制中靠近最终消费者——学生一端，所以也是学习资源重要的评价者。同样地，这里的评价不仅是评判，更多的是调控具体学习活动中的学习资源选择行为。而针对资源运用的评价则应由最终消费者（学生、教师）来执行，围绕具体的学习活动来展开；评价的重要维度是知识加工的深度，以及学习活动的适用度。

学习资源是整个教学活动过程的主线，学习过程就是对学习资源的利用、加工和再加工的过程。学习资源的利用程度直接关系到网络学习的效果，为此，学习资源的质量、运行机制直接关系到教学的质量，影响学生的自我发展。对学习资源的评价应注重其对教师和学生在学习活动中的有用性及运用效果，评价的过程中要注意学习资源的内容、呈现、结构、功能，以及它的媒体支持性和技术规范性等。本书中的网络学习是基于网络作为工具的一种教学形式，所以我们的评价对象少不了学习支持。它主要是包括学习支持工具对学生（包括教师）主体条件发挥的影响程度：是否有助于学生自我控制、自我评价活动的发生；是否有效支持教师和学生开展的网络学习活动；交互的快捷方便性和教学策略的支持性。

第三节 网络学习中学生自我教育能力的培养

一、现行网络教学模式调研

为了寻找培养途径，笔者曾对互联网未来教育模式、WebQuest、MiniQuest、基于探究的学习、研究性学习的十几个符合网络学习特点的案例从信息化教学设计的角度进行了考察、分析，从中探求网络教学中培养中学生自我教育能力的适用途径。互联网未来教育以“教案”形式呈现。所谓教案，大家并不陌生，是指教师自备自用的，因而教师在学生学习过程中的设计者、指导者、顾问者的角色不能充分体现出来；而 WebQuest、MiniQuest、基于探究的学习是以“学案”形式呈现的。所谓学案，就是教师设计给学生看的，本身就是现代教师教学行为的体现。相比较而言，研究性学习的设计呈现形式就显得复杂、多样，这就为本研究提供了思考和发展的空间。

（一）互联网未来教育模式

互联网未来教育是一个大型国际合作项目，旨在通过培训增强广大教师的信息化教学能力，进而提高学生的学习能力和质量。该项目由于融合了现代教学理念和系统设计方法，适合信息化教学，因而受到教师的普遍好评。

1. 主要特点

互联网未来教育模式的表现形式除了教案外，还有一套支持教案实施的电子文件，与教案一起组成了单元教学计划“包件”，其中包括：

单元计划（教案）：具体地描述教学单元的主题、学习目标、学习活动（教学过程）、学习资源等，其中，学习活动和学习资源在很大程度上是由技术支持的。

学生电子作品范例：为了给学生提供支持，教师需要事先做出电子作品的范例，这个范例是从学生角度出发，以学生应该达到的制作和理解水平进行设计的。学生浏览范例后就会对自己将要完成的任务和学习过程有一个感性的认识。

学生作品评价量规：利用可操作性强、准确性高的量规来评价学生的电子作品。从与过程和成果相关的多个侧面详细规定评级指标。

教学支持材料：为支持学生有效进行学习活动准备的各类辅助性材料，如软件工具、资料光盘、在线参考资料、参考书目、试卷、调查表、教师用电子讲稿等。

单元实施方案：包括教学活动的时间安排、学生分组办法、上机时间分配以及征求社会支持的措施等。

这些电子文件通过电子文档的形式组织在一起，共同支持学生的学习。

2.教案组成及设计要点

互联网未来教育模式中提供了单元计划的模板，为教师提供了周到细致的设计支架。模板包括单元作者信息、单元概述、学科领域、年级、学习目标、课程标准、教学过程、约需时间、本单元所需材料和资源、学生评估、关键词搜索等设计和细节，其设计要点如下。

（1）框架问题

框架问题的引入是为了避免学生的学习成果流于多媒体、信息化的丰富表现形式，而缺乏对高级思维能力的关注。

（2）学习目标

这种模式要求所有的学习目标都要依据具体的课程标准，以便将探究性学习作为一种学习方式整合在现有的教学中，并不鼓励完全脱离课程标准的探究目标，但要求学生要在知识掌握的基础上达到更深层次的理解。

（3）教学过程

这一部分既体现了教师设计者、组织者、指导者和顾问者的角色，也体现了学生主体地位。从该模式所提供的范例来看，这一部分的基本内容包括：

展示教师演示文稿：其中描述某个真实情境下的学习任务，给学生布置任务。提出基本问题与单元问题，安排合作分工，告诉学生整个学习过程以及成果评价标准。还有一些案例涉及学生开展学习活动所需的先前知识。

提供学生范例：使学生了解教师对他们的成果预期。安排学生进行实地考察、科学实验、调查研究等探究活动。教师为学生提供学习资源以及调查表、实验指南、图表等学习支架。要求学生以电子文档的形式展示学习成果，如利用 PowerPoint 制作演示文稿在班里展示，利用 Publisher 制作小报在校园内展览，利用 FrontPage 制作网页在网上发布等。组织学生或其他参与者利用评价工具对学习的成果展示进行评价。

（4）本单元所需材料和资源

（5）为个别化教学所做的调整

（6）学生评估。

为学生提供一种或多种量规，这些量规应关注最终的电子作品成果，如演示文稿、网页等，还要关注学生在学习过程中的多种能力培养，如感悟能力、反思评价能力、创造能力等。这个模式的单元计划实施时间比较灵活，可以是长期、中期或短期，但短期（几天或几个课时）较少，多数是长期（以年或季来算）、中期（以月或周来算）的培训。它在“学习情境设计”“学习资源设计”和“学习支架设计”方面比较有特色。“学习情境设计”中为教师传授前需知识、制造悬念和创造学习情境留有充分的空间，有助于教师将这种学习方式整合到现有的教学中；“学习资源设计”提供了丰富的资源，有利于小组学习；“学习支架设计”中最突出的就是范例，还有供教师使用的密体、模板等。

（二）WebQuest 模式

WebQuest 模式是在 1995 年年初由智利圣地亚哥州立大学的伯尼·道格和汤姆·马奇开发的，他们对 WebQuest 的定义是：这是一种面向探究的学习活动，活动中学生所用到的所有或大部分信息都来自网络。WebQuest 模式现在已是一种很受欢迎的网上学习模式，很多教师和学生都用它来培养高级思维能力，实现有意义的学习。有的教学设计者还在网上提供了评价工具模板、WebQuest 模板、丰富的案例等供教师使用和参考。

学案组成及设计要点：一个标准形式的WebQuest教学设计包括导言、任务、资源、过程描述、学习建议、评价和总结七个部分，各部分要点如下。

1.导言

对于所“探究”问题（基本问题）的简要描述。在这一部分中，教师可以向学生简要介绍这次探究的大致情况，或设置与主题相应的情境，以进行先前的组织工作。

2.任务

对于学生们要做事情的描述。在这一部分中，教师应清楚学习目标，并将其告诉学生。这里的任务可以是必须解决或解答的问题和任何需要学生对自己所收集的信息进行处理的事情等。

3.资源

指向网上相关站点的链接。在这一部分中，教师指出一些可以被学生用于完成任务的网址，以及对每个链接指向资源的相关描述，以便学生可以在点击前知道自己将获得什么。

4.过程描述

告诉学生学习过程，即告知学生将遵循哪些步骤才能完成学习任务。

5.学习建议

指导学生如何组织信息。此处，教师会为学生提供一些支架，以帮助他们组织、综合和处理所收集到的信息。学习支架是WebQuest模式的一个重要特征，它可以是建议、图表等。

6.评价

通过量规来展示如何评价学生学习的最终成果。有的教师还会创建一个自我评价表，帮助学生对自己的学习进程进行评价和反思。

7.总结

对于将要完成或学习任务的简要总结。就是简单地概括一下学生在这次学习活动中获得什么、存在哪些不足等。

这种模式单元计划实施时间也比较灵活，主要适用于中期的和短期的单元学习。它在“学习情境设计”“学习资源设计”和“学习支架设计”方面做得较好，最突出的就是“学习支架设计”，如范例、向导和图表等。

（三）MiniQuest 模式

MiniQuest 模式是另一种利用网上资源进行探究活动的网上学习方式，以“学案”形式呈现。教师可以借助它简单而有效的方式提高学生的批判性思维与知识建构能力。与 WebQuest 模式不同的是，它针对的是单学科的学习，用时短，1～2 个课时就可完成一个单元的学习。因此，此模式很容易贯穿于课堂系列中变革传统的课堂教学。

学案组成及设计要点包括以下几点。

1.情境

这部分的作用是导入学习情境，吸引学生的学习兴趣。同时，还会以外显的形式向学生们提供要回答的基本问题，使学生对学习目标有所了解。

2.任务

此部分包括一系列问题，这些问题是高度结构化的，学生可借此获得回答基本问题的真实性信息。由于用时短，因而教师还需为学生提供相关的资源或资源链接，以便学生快捷、高效地找到所需的材料。

3. 成果

这部分是告诉学生将如何展示他们的回答。学生的领悟和理解只有通过外显的具体形式才能真正展示出来，教师和同伴才能借以评价自己。只有经过学生思考和分析后处理信息、解决问题的过程和结果才是学生真正的且真实的成果，而不仅仅是展示网上信息。这种模式最大的优势就是用时短，接近过去的经验。该模式的特色是“学习情境设计”“学习资源设计”和“学习支架设计”，但由于用时短，学习活动的设计不够充分和理想。

（四）基于探究的学习

基于探究的学习从广义上来说是一种学习方式，由于分析的案例中是将基于探究的学习定位在利用网上信息进行的探究活动，可以看作 WebQuest 的一种变体。

学案组成及设计要点如下。

一个标准形式的基于探究的学习包括情境、任务、资源、成果、评估五个部分，具体如下。

1. 情境

这部分就是为学生创设一个要回答的基本问题的真实情境。通常，我们会让学生扮演一下角色，这样就将他们置于问题的真实情境中。

2. 任务

任务包括基本问题和任务问题。基本问题是直接陈述给同学，让同学明晰学习目标；任务问题是要求学生回答的确切问题，附带一些问题相关的离散的信息，帮助学生学习过程的结构化，并最终指导他们回答基本问题。

3. 资源

指向网上相关站点的链接，即网上资源。

4. 成果

要求学生们展示他们对基本问题的理解和回答，成果的形式可以灵活多样，如论文、网页、演示文稿等。

5. 评估

评估是通过量规来实现的。不但有助于评价学生展示的成果，还有助于评价学生的学习过程及学习策略。

这种模式的特色在于“学习评价设计”，但“反思评价设计”体现不足。

（五）研究性学习

研究性学习是教育部2000年1月颁发的《全日制普通高级中学课程计划》中综合实践活动板块的一项内容。本书分析的“研究性学习”指的是一种学习方式，指学生在教师指导下，从日常生活、自然现象和社会现象中选取专题进行研究，在研究过程中，学生主动、积极地获取知识，应用知识，解决问题，研究性学习方式有利于学生思维和能力的培养。

研究性学习的步骤及要点：这里根据现有的研究性学习案例将步骤定为确定任务、收集信息、整理分析信息、创建解决方案、评价与展示作品。

1. 确定任务

学生根据教师提出的课题确定自己感兴趣的研究内容，目的在于帮助学生确定一个可以自主发展的问题或任务。

2. 收集信息

个人或小组收集有助于解决所选择任务的相关信息。教师在此对学生一些搜索方法的使用进行指导，还可以提供给学生广泛的资源链接。

3. 整理分析信息

这个环节，教师起了很大的作用。教师应引导学生明确几个关键的向导问题，如所收集到的信息是否有助于我们解决的问题或完成的任务？我们的信息是否充足？所收集到的信息是否足以设计问题的解决方案？除了这些，教师还必须设计一些支架支持学生整理分析信息。

4. 创建解决方案

这是一个富有创造性的环节，学生、教师很多的灵感就此生发。教师应指导学生思考怎样有效地利用已存的观点和所收集的资料创建一个富有创意的解决方案？预期一下结果。

5. 评价与展示作品

评价的目的是促进发展、促进学生反思、促进学生的自我评价。一般来说，是对学生、教师在整个学习进程中的表现和成果进行评估。

这个模式的特点在于“学习目标设计”“学习支架设计”和“学习资源设计”，其中，前两者是研究性学习开展的必要环节。随着研究性学习的开展，教师逐渐有意识地从上述其他模式的设计中汲取精华，使得研究性学习越来越向可操作性的方向发展。教师也逐步将研究学习作为一种学习方式整合到现有的教学中，并取得了很好的效果，如闫寒冰等人指导设计的案例“坐标平面中的点”。在该案例中，教师采用微世界的形式让学生自己动手探究坐标平面中点的关系，远远超越了传统课件的授导意义。

综上所述，尽管上述教学模式均会发生任务确定、信息搜索、信息处理、信息生成和创造等网络学习行为，并且不同程度地能培养学生的自我评价和自我监控能力，但各自的使用目的、适用条件和特点的差异使得这些教学模式并非都能适合本研究的教学模式。

上述五种模式的使用目的相差无几，但使用条件和特点方面还是存在细微不同的。互联网未来教育模式适合对教师进行信息化教学培训，进而改进他们的教学，从而注重学生思维和能力的培养；WebQuest、MiniQuest 和基于探究的学习模式的适用条件基本上都是网上进行，尽管我国基础教育中的应用优势突出，但都不怎么成熟；相比较而言，研究性学习有其独特的优势，即使用条件灵活多样、应用比较成熟、可操作性强，许多教师都已积累了许多丰富的经验，逐渐被教师作为一种学习方式整合到课堂教学中。因为我国教育信息化发展、课程改革工程推进和我国基础教育仍以课堂教学为主的现实，前四种模式在目前的基础教育的信息化实践中还没有多大的生存空间。本研究的网络学习是指以网络为辅的网络学习，显然这五种教学模式中，研究性学习是本研究所需的教学模式，也是最现实有效的教学模式。

二、网络学习中自我教育能力的培养方案构建

前面我们分别就本研究的网络学习的含义、培养网络学习中学生自我教育能力的外部环境及对现有的网络教学模式的考察和分析等问题进行了探讨，这对于我们构建培养方案是必要的，但本研究更为重要的问题是我们如何培养的问题。因此，下面就如何培养网络学习中自我教育能力的问题加以探讨。

（一）培养目标和内容

1. 培养目标

（1）发展主体性——自我教育的终极目标

主体性是人所特有的，是人作为主体在与客体共同构成的具有主客体关系的活动中所表现出来的能动性、自主性、自为性。但人的主体性并非与生俱来的，正如人一出生时并不是个社会人一样，人的主体性也是在后天作为主体而参与的生活、教育及其他社会实践中逐渐形成的，而且只有当人具有能主导和支配自身活动的力量时，换言之，只有当他是一个社会人时，其主体性才有了一种感性的存在，否则，主体性的存在只是一种哲学意义上的实体存在和关系存在而已，没有什么现实意义。人的主体性随人的发展而发展，它伴随人的一生，始终处于不断变化和发展之中，而未被完全社会化的处于基础教育阶段的学生的主体性经常被人们忽略，认为它们仅仅是被动地接受我们所给的一切，这就使得现时教育在应对新一轮基础教育课程改革时出现困难重重、问题多多、变革几乎停滞不前的现象，往往还遵循着原有的模式，未能更好地发挥出学生的主观能动性。同时，在学生中，我们经常能看到许多高分低能儿。为什么会存在这种现象呢？笔者认为，最根本的原因在于，我们的教育，无论是传统的教育还是现时的教育（以网络介入教育的时段为界）都忽视了学生主体性的培养。就学生喜欢的网络来说，网络本身不过是一种技术层面的东西，怎样使用网络以及使用网络来干什么，则完全取决于网络使用者本身的素质，取决于网络使用者本身主体性素质的发挥。

根据学生身心发展状况的不同，他们的主体性特征也大不相同。如幼儿和小学生的主体性发展很不充分，处于主体性发展的基础阶段，但并不是说他们没有主体性；中学生则处于主体性发展的萌芽和发展阶段，但都属于尚未成熟的主体群。本书所指的是中学生的主体性，具体来讲，是指他们作为学习活动的主体在学习过程中所体现的能动性、自主性、自为性、选择性和创造性。具体表现为学生在网络学习中自我评价能力、自我体验能力、自我监控能力的高低，即自我教育能力的强弱。但这个具体表现又取决于教师主体性作用的发挥情况。因为，在以师生互动为特征的网络学习活动中，教师主体性与学生主体性同时存在，相互依附，并共处于一个统一体中。这不仅是理想的，而且也是现实的；不仅是必要的，而且也是本质的。教师是学习活动的设计者、组织者，学习过程中的指导者，他的主体性是以外化的实践目的（发挥学生的主体性）和自身的发展相统一的，是人类职业角色分配中的以教学实践性为特征的个体主体性。而此时的学生处于对教师主体性作用的内外表现内容与方式的借鉴、创造与超越的阶段，正是自身主体性得到开发、得到唤醒的过程，也是学生主体性不断呈现、变化和发展的过程，是未成熟主体。他的主体性是以认识的目的和自身的发展相统一，是人类个体性生成与发展过程之中以认识发展性为特征的个体主体性。因此，教师在教学实践中，一定要从对自身和学生主体性的认识入手，根据学生主体性发展的状况、目标、任务，结合教育内容、教育形式、教育方法、教育途径等因素，设计和确定自身和学生主体性互动的最优化教学设计，努力使教学活动在其主体性的最优化互动中实现学生主体性发展的教育目标和任务。

（2）指导学生学会选择——自我教育的必经之路

顺德电视台《金色盾牌》栏目曾报道了杏坛镇一位初三学生迷恋玩电子游戏机，将此举视为人生最大的乐趣。因其父母藏匿游戏机软件限制他玩游戏，而把结束自己的生命作为唯一的选择，制造了又一场家庭悲剧。这一事件中包含着十分深刻的教育与心理健康的道理：孩子在失去玩游戏机的乐趣的情况下自杀，是因为他在大量选择的可能性面前不能选择，或者只选择了“不选择”。在现实生活中，不会选择因此不负责任的例子比比皆是：在许多解决生活危机的可选择途径面前，某些学生却偏偏只选择轻生自杀；表现成人感、胜任感和自尊的正当方式有很多，一些学生却偏偏选择抽烟、酗酒、打架、斗殴，满足好奇心、控制欲的正当途径很多，一些学生却只愿选择对电子游戏的沉溺。这些现象背后的深层原因，乃学生主体性没能得到发挥，因而选择能力和责任感均有欠缺。

大众传媒技术和计算机信息网络的发展带来学生学习方式的革命，同时，也使他们面临更多、更复杂的选择：网络上奔流着的，既有有用的信息，也有信息垃圾。在这种局势下，以贯彻网络学习中主体性原则为前提的学生理性选择能力和社会责任感的培养，就显得至关重要。

所谓主体性原则，就是引导学生主动探索周围的社会环境和自然环境，学会根据环境要求自主选择目标、自我调控、自我发展，以最终健康、积极地适应环境的原则。它要求教育者善于创设适宜的人际情境，给学生以主动选择的空间，以使他们的主体性能得到发挥，以便学会选择，学会负责任。在学习活动的过程中，我们教师应该做到以下几点。

一是作为永远的引导者，不怕学生犯错误，让学生“在游泳中学会游泳”。学生主动探索学习的环境，既是学生的天职，也是学生的基本权利。允许学生在自主探究中出现一些并非有意为之的小小失误，引导学生去总结、去反思批判，有利于他理性选择能力和责任感的提高，有利于他直面学习过程中失败的态度形成。

二是注重学生自我评价能力的培养。自我评价是一个人自觉性的基础。在学生一种新行为、新态度形成之初，教育者及时的评价可以起到及时强化的作用，能为学生建立适度的评价标准；当一种新行为、新态度基本形成，则要引导学生以个体或团体的方式进行自我评价，使他们掌握自我评价的正确方法。

三是注重学生批判能力的培养。是否具备根据自己的学习目标批判性地选择有意义信息的能力，是衡量学生学习主体性的主要指标。要让学生学会区分周围信息（当然包括网络信息）中哪些是事实、哪些是臆想、哪些是有用的、哪些是没用的、哪些可作学习之用，学生有必要学会分析信息、处理信息、生成信息的方法，及早培养学生科学思维的方法和批判性阅读能力，明确辨认对自己有价值的信息，揭示并解决信息冲突，用已有的方法或选择新的方法行事，对自己的选择负责任。

（3）让学生学会自主学习——自我教育的根本任务

以电子计算机技术为核心的信息革命，深刻地变革着人们传统的生活观念、学习方式，促进人们自主意识的觉醒，要求人们充分发挥自己的主动性，自主地应对他界的变化，协调地适应现代社会生活。教育作为社会系统中的一个子系统无疑应承担着培养有自主精神的现代人的主要任务。任何一个关注自身生存和发展的人，都不能不关注网络时代下学习的变迁。然而，由于中学生这个年龄阶段是身心变化剧烈的时期，是他们逐步摆脱对成人的依赖，表现出追求独立倾向的时期。这一时期的少年身心状态剧变，内心世界被发现，自我意识刚刚觉醒；但是在要求独立的同时，却缺乏意志力；在热爱学习，追求上进的同时却又毫无计划性和自我控制力等，由学生在网络中发挥自主性带来的悲剧而诅咒网络的种种报道就是学生现时自主性只是形式意义上的明证。他们的学习也是一个从依赖逐步走向独立的过程。因此，在网络提供他们自主学习和自我发展的环境、空间的同时，我们的学校教育工作者也必须做到以下几点。

一是教师应对自主学习有正确的认识。我们认为，自主学习是在自主、和谐的学习氛围中，学生充分体现主体性，自觉地发挥主观能动性，以相对独立的方式进行的一种有效的学习方式。如果学生的学是围绕教师的“教”来进行的，学生学习的主体地位不能得到保证，自主学习就不可能产生，转变学习方式就无从谈起；也不能把它简单地理解为学生自己的学习。教师应深刻领会：行为的自主是人类发展的必然特征；学习的自主是教育发展的必然趋势；自主学习是学生个性发展的必然选择。

二是引导学生掌握一些学习策略。这里的自主学习是在教师或他人指导或帮助的条件下进行的。如果学生不具备相应的学习策略和解决学习中实际问题的一些基本方法，学生即使想自主学习也无法顺利进行。据调查，无论是中学生还是高中生，无论是优秀生还是后进生，他们在平常的学习中都或多或少使用过一些学习策略，只不过没有梳理和总结出来。教师可通过座谈和讨论的方式，让学生交流学习方法和心得，并帮助他们整理、提炼出有效的学习策略。

三是要使学生有端正的学习态度、积极向上的学习动机。在没有外部压力或要求的情况下，学生如果缺乏内在的学习动机，就很难确定适当的学习任务，很难有效监控学习过程，自主学习也就没什么实质的意义。所以，我们必须从培养学习兴趣和增强学习信心入手激发他们的动机。

四是自我调控能力的培养。自我调控是保证自主学习顺利进行的一个重要环节。它有助于帮助学生计划、监察、调整、控制、反馈、评价自己的学习过程，及时地调整行为和思维方法，促使学生克服困难，努力完成学习任务，学会自主学习。自我调控能力的培养不是一蹴而就的，需要教师根据学生的年龄、学习能力、自控能力等的异同，选择恰当的切入点，进行持续的培养和训练。我们倡导自主学习就是要唤醒学生的潜能，促进学生自主地发展；就是要关注学生不同的需要，促进学生有特色地发展；就是要培养学生的自我教育能力，促进学生可持续地发展。

2. 培养内容

（1）自我评价能力

自我评价能力是指个体通过自我或他人对自己的认识和评价、学习实践行为及其实践结果的评价的能力，它与自我认知如影随形。每一个个体都处在一定的社会关系中，是社会的一员。别人对自己的评价、态度就像一面镜子，从而形成对自己的认知和评价；主体的自我评价并不是单线的运动过程，它必须把自我与其他众多个体加以比照来实现；实践结果是人的本质力量的象征，个体在实践过程中的努力和结果会强化主体的个人地位或促使个体反省自己，不断发展。主体能否准确、客观地对自己进行评价，直接影响着自我教育过程的结果，自我评价是主体进行自我教育的基础和前提，自我教育正是从这里开始。

（2）自我体验能力

自我体验能力是指个体伴随自我认知和自我评价而产生的情感体验能力。个体在自我评价中对自己的学习品质和表现感到满意、肯定，就会产生自慰、自信、自豪等积极的情感体验；相反，若个体在自我评价中对自己的学习品质和行为表现感到不满、否定，就会产生自责、自卑、自弃等消极的情感体验。上述两种体验都可以转化为个体行为的动力。积极的情感体验可以转化为追求性动机——追求进步、追求成功、追求荣誉等；消极的情感体验则可以转化为回避性动机——回避失败、回避困难、回避屈辱等。追求性动机产生一种内驱力，回避性动机则产生一种自制力，这就使人的自我监控有了可能，也就使自我教育由情感体验转入意志行动。

（3）自我监控能力

自我监控能力是指个体通过对自己的学习行为的预期、计划与行为的现实成果之间的对比、评价来对自己的学习行为进行调节和控制，以实现预定行为目标的能力。自我监控行为就是主体通过自我观察、自我反省来控制、监督自己的行为与所预期的行为或活动程序之间有无偏差，并调整自己的行为、动机和情绪，力求使自己的思想或行为符合所预期或设定的行为或计划，以便更好地实现自我设定目标的过程。它是一种高级心理活动。每一次自我监控的成功都会给主体带来一定的自豪感并增强其自信心，自我控制的能力也就得到进一步发展。

（二）培养方法和途径

1. 培养方法

方法是为实现目标服务的或者说是实现目标的手段。如前所述，我们知道，传统教育中也存在自我教育能力的培养，但它并不是目的，而是学习任务得以完成的手段。因此，针对网络学习中学生的实际和教师的挑战，我们认为，传统教育中一些行之有效的方法在此并不适合。以下几种方法对网络学习中学生自我教育能力的培养很有针对性。

（1）批判反思法

对于网络学习中的中学生来说，最难的问题不是网络技术本身的问题，而是从网络中进行选择的问题。这里的选择包括网络工具本身的选择与上网学习目的和内容的选择。选择的过程，其实就是学生对网络中的信息及其行为进行自我反思、评价和自我控制的过程。作为学习资源，网络在很短时间内能够传递大量的错综复杂的信息为人所用，以满足学生个体不同的需求，为他们提供各取所需、无限选择的机会。但在“教会顺从”的传统教育中，学生被要求无条件地吸纳和认同既定的知识、真理，他们没有什么反思、评价的行为，选择的问题就无从谈起。然而，网络学习在为学生提供主体性发挥空间的同时，对学生的选择与判断能力提出了更高的要求。无疑，选择的网络学习时代需要一定的选择能力，有了一定的选择能力方能把网络中的“无限的选择”变为选择。而选择是建立在一定反思、判断能力之上的，我们必须首先指导学生学会高层次的思考，即批判反思。此处讲的批判反思是指网络学习中的批判反思，“批判反思法”也可称“教学反思法”。它是我国中央教育科研所俞国良教授等在综合国内外有关的研究成果和反思性教学经验基础上提出的一种反思训练方案，指教师通过既定的参照物来观察、评价、反思自己的教学实践的方法。在此拿来借鉴为笔者所用。

本书把教学反思法分为三个连续有序的步骤。

一是学习任务反省，指教师带着学生从认知层面去了解问题或任务本身。例如，教师可以问自己：我定的这个课题或任务是否和学生讨论过？是否适合我的教学任务？是否符合学生的知识结构？是否能顺利完成达到学习目标？是否令同学们感兴趣？学生可以借鉴教师，问自己：我选的问题对自己是否有挑战性？是否和教师、同学交流过？是否适合自己，能否顺利完成达到自己预期的效果？

二是学习过程反省，指通过与他人讨论、协作或自我反省的方式来思考自己的学习历程。例如，教师可以问自己：课堂是否活跃？教学设计是否对学生的帮助很大？学习过程的组织和控制是否令自己满意？学习过程中学生是否经常找其他同学或老师协商？学生是否有令老师感到意外的想法或创意发生？课堂中自己与学生的时空权是否对称（相对于各自的任务而言）？自己的主体性作用是否在学生身上得到借鉴和超越？学生可以问自己：我对资料的搜索是否全面有效？对资料的筛选是否切合学习任务？对自己所用的资料是否进行加工处理？在使用资料的时候是否出现自己的想法或观点？对自己在与同学或教师的讨论或交流中的表现是否满意？整个学习过程哪些方面表现很好，哪些表现令自己不满意？

三是学习结果反省，指教师和学生对学习过程结束后的反省。例如，教师会问自己：我的教学行为哪些较为成功，哪些还存在问题？我的反思是否促进了学生的思考，学生的自我反思评价能力是否在学习过程和学习结果中得到体现？是否达到自己的教学目标和学生的学习目标？我的教学组织监控行为在学生中有没有起到作用，即学生的自我控制能力是否在学生身上得到借鉴和超越？学生可以问自己：我对资料的搜索是否全面有效？对资料的筛选是否切合学习任务？对自己所用的资料是否进行加工处理？在使用资料的时候是否出现自己的想法或观点？对自己在与同学或教师的讨论或交流中的表现是否满意？整个学习过程哪些方面表现很好，哪些表现令自己不满意？

教学反思法的具体形式很多，比如详细描述。当教师上观摩课（流行的是网络教学公开课）时，专家或教师对他们所观察到的情况及其评价的描述；当学生展示作品时，教师、同学对展示即展示的作品各方面的评价的描述，这些往往是教师和学生进行反思的一个很好的途径。比如行动研究，是指教师和学生对他们所遇到或很感兴趣的问题，并不一定是与教和学有关的问题，进行调查研究，必要时邀请他人加盟。这不仅在教师的教与学生的学习实践中有重要作用，而且有助于在师生之间形成一种协作调查研究的氛围。比如扮演与游戏，是指师生通过游戏扮演不同的角色，对事情产生不同的观感，或从不同的角度来发现和思考问题。例如，扮演教师的学生，扮演学生的教师等。比如反思日记，日记往往被误认为只是记录个人的想法和情感。其实不然，许多人会将自己的学习和工作上的问题反映在日记上。殊不知，通过日记的撰写、浏览和分析，同样可以激发我们进行批判的自我反省。这就是为什么学生文件夹、学生日志和学习日志成为进行教学改革的教师们追求的时尚。但这里的反思日记绝不是仪式主义和授权的告解室——类似那些花边小报和对话节目中耸人听闻的倾诉。日记的格式随个人喜好，可以将日记定一个主题，如“与××的对话”“……学习所想”“……之我见”，或其他格式等，其撰写的目的主要是运用自我分析的方法，检验自己的行为、观点和想法，以达到自我批判反思的境界。

（2）元认知法

“网络将会给人类机构带来深刻的影响，而对人性则没有什么影响。网上任何有意义的事情都发生在人身上。通过网络开展师生分处两地的虚拟远程教学，是我们一个美好的梦想。但是，网络只是一个工具——只对那些有学习动力、能够运用它的人有用……孩子需要首先从身边的一位成年人那里学到对知识的热爱。”笔者认为：至少在基础教育领域中，通过网络开展师生分处两地的虚拟远程教学的构想不符合人发展的要求、不符合教育的规律。我们目前的网络教学实践表明要保证其实效，必须充分发挥学校师生的学习组织、学习控制管理等方面的主体性。在中学的网络教学中，我们经常看到一些学生在游戏中过关斩将，同亲朋好友聊天时的那种异常兴奋的表情，全然不顾上课时间、身心投入的其他同学，这显然是一种自我控制能力较差的表现，也是网络教学中普遍存在的一个亟待解决的问题。

元认知法是从策略教学法中提炼出来的。元认知是指“个人关于自己的认知过程及结果或其他相关事情的知识”，以及“为完成某一具体目标或任务，依据认知对象对认知过程进行主动的监测以及连续的调节和协调”。这里侧重于后者，即对认知过程进行主动的检测以及连续的调节和协调，元认知有监控成分。笔者将它作为一种培养方法，是指教师如何将自己元认知的发展经历和体验融入网络学习中，并保证学习的顺利进行，影响学生的元认知体验，从而使学生的元认知得到发展。在网络学习中，教师经常用到网络学习的各种教学策略，如讨论策略、研究策略、信息搜索策略、信息评价策略、信息整理策略、信息分布策略等。

在这些教学策略的使用中，教师均会有元认知的体验。因此，要求教师应与学生一起抓住这个机会提高各自的元认知。例如，在使用讨论策略时，教师必须做到以下工作（可以和学生一起）。

①讨论前的准备工作，这是达到讨论目的的关键。准备工作主要包括：确定讨论主题、准备讨论材料、了解讨论对象、选择讨论手段和熟悉讨论环境。

②讨论过程中的调控，这是保证讨论顺利进行的环节，讨论者应清楚自己的状态，对自己的行为进行调控。主要包括主题调控和过程调控。

③讨论结束后的总结。主要包括内容总结和方法总结。内容总结，是总结内容的同时分析讨论过程是否围绕着预定的主题进行的；方法总结，主要是针对使用的讨论手段和讨论方法进行分析，发现交流过程中的一些技巧。

在上述方法中，笔者始终是以教师和学生两个具有主体性的个体一起成长为宗旨。因为学生主体性的开发、呈现、变化和发展是学生对教师主体性作用的内外表现内容与方式的借鉴、创造和超越的结果。教学活动中教师的个体主体性与学生的个体主体性的发挥都是为了一个共同的目标——学生的发展。因此，教师主体性与学生主体性是既对立又统一的。教师主体性的发挥是为了学生主体性的发展，学生主体性的发展更多地依赖于教师主体性的引导上，而学生的主体性发挥、发展又可以促进教师主体性的发挥和发展。在两个主体性的相互作用之中，学生不断得到改造、进化和发展，教师不断得到充实、丰富和提高，双方共处于一个和谐、协同的活动统一体中。因此，我国古代著名教育家孔子所揭示的“教学相长”的原理在教育的双主体性相互作用规律中可以得到诠释和印证。

2. 培养途径

如前所述，自我教育能力形成的特点是“阶段性”“实践性”和“不稳定性”，决定了自我教育能力的形成并不是自发形成的，而是需要主体在教育者（当然不仅仅指教师）的帮助下自觉地努力。传统教育中对自我教育能力的培养通常是事先教育和事后教育。事先教育就是在布置学习任务之时对学生进行的一种空洞的教育，通常体现在教学目标或学习目标中；事后教育是通过观察或教学总结对学生进行的“教训”教育，通常体现在教师对学生作业及其作业完成情况的检查中。很显然，它已不适合于培养网络时代学生的自我教育能力。因为自我教育的内容现在已经不仅仅限于道德方面，而是呈现多层次特征，被视为提高个体素质，相对于社会教育的一个不可忽视的一部分。而且，网络学习中突出的是学生的主体性，强调的是学生在学习过程中的探究、反思和体验，评价的不仅是结果，更看重过程：学生在学习过程中的反思、评价和调控能力的表现，教师对学生学习过程的设计、组织、管理和评价的表现。因此，我们必须在学生网络学习过程中有针对性地进行同步教育。

根据上述对现行网络教学形式的调查和对比分析，研究性学习是目前我们教师培养学生自我教育能力的最佳教学形式。因为随着研究性学习的开展，教师逐渐意识到应该更多地将研究性学习作为一种学习方式整合到现有的教学中，使得研究性学习越来越向可操作性方向发展，这方面最突出的就是信息技术课。因为信息技术课本身的特点：综合性、发展性、实践性和可操作性、协作性和自主性、可创造性，使得它在实施研究性学习方式方面，相对于现时的其他学科而言，具有得天独厚的优势。再者，信息技术课是随着网络技术对人类生活学习的强力渗透而诞生的一门新兴学科，与存在于教育历史中多年的其他学科相比，它在教育改革、课程改革中的进程和优势更是无他能比。随着普通高中信息技术课程标准的出台，教师对信息技术课的地位、培养目标、教学目标和教学形式逐渐明朗，信心倍增。由此，笔者认为，信息技术课是现时培养学生自我教育能力最有效的途径。

（1）信息技术课

在这个课堂教学（这里的课堂不单指以教室为教学环境的课堂）中，我们就是要解决上述教师如何发挥学生学习过程的设计者、组织者、指导者和顾问者的主体作用，以及教师在发挥主体性作用的同时如何引导学生发生自我反思、自我评价和自我控制的行为的问题。因此，下面笔者将具体介绍如何设计教学活动。

第一，学习情境设计。其实也就是任务情境设计。因为这里的信息技术课是以研究性学习方式作为主要教学形式，所以并非像以前那样挨个将技能边讲边操作，枯燥乏味，而是将这些技能，最好是一个较整合的技能贯穿在一个有趣的学习任务或研究课题中，在任务驱动的过程中完成教学的初级目标。在任务情境的设计中应注意：一是学习任务的“承载力”，是指所设计的任务应能蕴含或体现与所学领域相关的内容或知识。二是学习任务的层次性，是指所设计的任务不应该是单一的，而应是有所选择地尽可能地满足班里学生不同层次的需要。信息技术教育一直存在“零起点”的问题，同一班级的同学之间也不例外。三是学习任务的真实性，是指将学习任务设置于学生熟悉的情境中，贴近学生实际的网络学习和网络生活经验，而不是生造的。这样才有利于在学生的经验世界中产生共鸣，激发学生的主体参与，唤起学生的高层次思维，即反思思维和创造思维，从而激起自我教育的愿望。四是学习任务的整体性，是指学习任务的结果能以一份“作品”或“报告”的形式呈现，便于同学、教师间进行交流、评价，激发学生、教师自我反思和自我评价。

第二，学习目标设计。信息技术教育面临的挑战之一就是学习目标的定向问题。高中信息技术课程标准的出台明确了信息技术教育的培养目标——信息素养（信息获取、信息加工和信息管理等），但这只是最低的行为目标。我们教师应该明确，在信息技术课的学习任务中，绝不能将这种低水平的行为目标作为教学的终极目标，而应该包括信息搜索、信息加工、信息处理和生成这些行为中的自我反思能力、自我评价能力和自我控制能力等表现性目标和问题解决目标。因此，教师在进行学习目标的设计中绝不能只是单纯地提，而应该具体到自我反思、自我控制的行为表现。

第三，学习资源设计。围绕所选定的不同层次的学习任务，设计满足学习任务需要的学习资源。由于学校教学制度和教学课时的限制，教师在设计学习资源时应注意：一是学习资源的针对性，是指学习资源的设计应因不同水平的学生和不同的学习任务而有所不同。二是学习资源的可运用性，是指设计的学习资源必须经过“教师”这个信息代理，才能呈现给学生。只有为学生所运用才能真正成为学习资源，体现其资源效益。这样既可节省学生网上逗留的时间，也能更好地调控学生，间接起到监控学生的作用。三是学习资源的可建构性，是指教师设计的资源必须给学生建构供自己所选任务运用的资源留有空间，即学生在教师设计的可运用资源中加工、处理，创造、生成自己的任务资源。

第四，学习进程设计。由于学习任务的完成过程是学生获取知识、技能，提高能力和达到学习目标的过程，并且具体的知识、技能贯穿在整个学习任务中。因此，教师在学习过程中并不能因学习的自主性和开放性就不给予引导和支持，教师必须对学习进程进行必要的设计。设计学习过程主要包括：一是总体进程设计，说明学生应在多长时间内以何种方式完成学习任务，提交何种成果。当然，这也不是一成不变的，仅供学生参考。二是活动框架设计，是指教师应该在学习任务中不同职能间的衔接阶段给予学生指导，也就是说，学习过程中阶段性的成果如何呈现、如何评价等都有助于学生学习过程的继续自愿地进行。三是学习支架设计，主要包括认知工具、学习策略和交互策略的设计。认知工具就是学习过程中帮助学生有效学习的智力方法或技术设备等，如检索工具、作品展示工具等；学习策略是为了提高学生学习的效率和效果而设计的，如信息搜索策略、信息交流策略等；交互策略是指教师给予学生与教师或学生讨论、交流的最方便的实时工具，因为不同的学习任务、学习过程中不同的环节所需的互动策略是不同的，如小组间的互动和个体间的互动所选择的交互工具可能就会不同。

在学习进程的设计中，我们教师应该体现以下原则。

①学生控制与教师控制相结合的原则。建构主义学习理论对信息技术课教学的强烈映射，使得学生控制被认为是信息技术课堂教学中最重要的教学控制策略。但有关学生控制策略的教学效果研究表明，有些建构主义者所提倡的学生控制并非适合所有的学生。同时也表明有教师辅导控制的学生控制是最佳的选择，教师应把握好隐性控制（引导学生实施自我监控行为的控制）和品性控制（学生学习过程中的设计者、顾问者）。

②个别化学习和协作式学习相结合的原则。既给每个学生独立学习和解决问题的机会，又提供学生间协作讨论的机会。建构主义认为，知识是通过社会磋商和对理解发生的评估而展开的，社会交往有助于形成多种假设，用多种观点看待同一个问题。个人是测试我们理解的一个基本机制，协作小组测试我们对特定问题的理解，其他人则是刺激学习的最重要的源泉。因此，“协作”是建构主义学习过程中不可或缺的要素之一。正如斯坦福大学校长的经验之谈：学生 50%的知识是从其他同学身上学到的。笔者的成功在于提供教师和学生的

舞台，让他们互相学习。当然，合作学习方式并非最好的，这取决于学习任务的难易程度和学习的不同要求。

③知识获取与思维训练相结合的原则。建构主义者一直将培养学生的反思能力（元认知能力）作为建构主义学习的一个核心特征，非常重视学生的内在反思和体验。不仅如此，建构主义还非常重视培养学生的创新能力。建构主义提倡的真实性任务情境为培养反思能力和创新能力提供了途径。教学目标的多元性尽管给学习评价带来更多的主观因素，但有利于培养学生的这种上位的思维品质。这种思维品质的培养不能看成是短期的教学目标，而是一种长期的学生自我教育目标，应贯穿于教育教学的全过程。

第五，反思评价设计。这是教师教学设计中一个非常重要的环节。反思评价若设计得好，就能促进学生自我反思、自我评价，从而有效地自我监控。从另一个角度讲，评价起到外部调控的作用。一般在学习活动的最开始就把评价方式明确地告诉学生，使他们明确努力方向，避免在学习过程中迷航，便于学生实施自己的控制权。评价设计时应注意以下几点。

①外部评价与自我反思评价相结合，强调自我反思评价。在这样的学习任务中，学生需要在学习活动中以及之后不断对自己的所做、所思和所得进行自我反思和提炼整合，这样才能有实质性的收获。为了促使学生的自我反思和评价，可以提供针对与学习任务相适应的量规和范例，设计合适的反思评价表和学习契约，以问题提示的形式督促学生反思。还可以要求学生撰写反思日记，对活动进行小结和反思。

②个人评价与他人评价相结合，突出他人评价。学生之间的评价不仅能弥补外部评价的不足，更是促使学生自我反思和自我评价的一个有效途径。这个

评价在学习情况方面重点在于具体的微观评价，它表现为同学之间对学习过程的相互观察和测验。教师可以要求学生将自己的学习历程档案和学习契约贴到指定位置，无论通过什么方式。即使教师没有时间去仔细阅览这些，公开张贴的学习过程同样也要经受同学之间的相互检验。这种方式必然会使学生增加学习的责任心，促使学生自我反思，从而提高学生的自我评价能力。

③结构评价与过程评价相结合，突出过程评价。对于信息技术课教学而言，电子学档应该是一种有效的过程性评价方法。电子学档的建立应贯穿学习过程的始终，是反映学生学习过程以及最终产品的一整套材料。教师应让学生在学习过程中有意识地收集、选择和保存关于自己学习活动的资料，比如活动计划、反思日记、学习困惑和作品草稿等。以反映学生自己的努力程度、进展状况、存在的问题和成就水平，更重要的是，教师可以用这些资料引导学生进行自我反思，使其成为评估者。

教师在教学中对学生的支持在于，根据具体的学习任务和需要，独自或与学生共同设计准备好这些评价工具，在活动进行的时候提供给学生，如同告知专家“评估标准”一样，使学生知道教师、同学、自己等如何来评价自己的行为，因而会调控自己的学习，渐渐学会对自己的学习负责。上面所描述的环节并非不可更改，更说不上完美无缺，教师完全可以根据自己的理解和实践经验做出调整以至创造性地运用。

（2）主题班会

一直以来，主题班会都是根据学校工作的统一要求和部署，大多针对班级学生的实际情况，对他们进行思想教育和日常行为规范教育的一种重要形式，也是学生进行自我教育的重要途径。它具有形式生动活泼、针对性强、时间短、收效快、集体性强的特点。卓有成效的主题班会，是学生道德认识的阶梯、情感的熔炉、行为转化的动力、健康成长的沃土。很多人会认为，班会课就是班主任对上一阶段班上情况的总结或自习课，枯燥无味，哪会像有些人吹嘘的那样成为学生一周中最期待的一课，如果有多半也是因为它是学生一周中最自由的一课，老师讲的听不听无所谓，自习也是自由散漫，老师无任何要求。为什么一次本应该生动有趣、参与活跃的道德教育课竟被这样糟蹋掉了呢？最主要的原因在于主题班会课的无计划性、无主题性、无目的性。因此，笔者认为，要开好主题班会，首先必须设计主题。在设计主题时应遵循以下几个原则。

第一，专题性原则。专题性原则是指在主题的选择上应注意了解学生所需，要通过日常教学生活中的观察、交流等方式走进学生的内心世界，贴近他们的生活，以求题目的小、短、近、实，能切实解决学生的一些问题，使大多数学生有所收益。这样才能使活动具有鲜明的教育性，才有利于学生积极性、主动性的发挥。一旦学生处于消极被动状态，或附和或盲从，都不利于学生自我教育的形成和发展。

第二，教育性原则。教育性原则是指教师要牢固确立“一切为了学生的发展”的教育理念。把这种理念贯彻到选择班会主题、主题班会设计、主题班会开展形式以及确立班会评价标准等行为的各个方面。如此，德育工作就会大大改进，德育实效也会大大提高，具有明显的教育意义。

第三，主体性原则。主体性原则是指主题班会的主体是学生，班主任要把学生的自我教育贯穿于组织活动的全过程。从选择主题到组织发言、掌握会议、内容安排，都应由学生充当主角，要放手让学生参与，鼓励和支持他们去创新，发动全体学生，最大限度地调动每个学生的积极性，让每个学生在集体活动中都能找到自己的位置，都有发挥自己才能的用武之地。班主任在此只是一个“参谋”，是指导者。

第四，多样性原则。多样性原则是指主题班会的形式，内容要丰富多样，富于创新。主题班会如果只注重教育的内涵，而不注重表达的形式，学生也会对展示的内容渐渐失去兴趣，尤其是中学生，达不到预期的教育效果。因此，主题班会的内容应做到丰富，形式新颖，生动活泼，引人入胜。如严肃的内容就用学生喜闻乐见的形式进行包装，让学生在轻松、活泼的环境中进行教育。

第五，计划性原则。“预则立，不预则废。”主题班会课同样需要事先的计划和准备，无论是行动上还是思想上。围绕主题和目的，组织已有的材料，设计程序，如何组织、监控过程等。

若要举行一次“学法、守法、用法”的主题班会，首先，让学生了解一些法律知识材料或通过媒体播放一些带专家分析的未成年人犯罪的案例等。其次，就是如何开展主题班会。

第一，情境引入。主题班会的教育效果不仅取决于是否具有充实的内容，还取决于是否有精彩的情境引入。精彩的情境引入有利于激发学生参与主题班会的兴趣，形成主动参与的驱动力，使学生在参与中受到启迪，在活动中受到教育。情境引入的宗旨是搭设学生活动的平台，点燃学生进取的激情。如贝多芬的《命运交响曲》会使诸如“做生活的强者”这样的主题班会更有感染力；韦唯的《爱的奉献》则使“捐献爱心，共筑希望工程”这类的主题班会更易唤起学生的共鸣，这是音乐渲染法。还有表演体会法、媒体再现法等，这由所确定的主题而异，如在“学法守法，健康成长”主题班会中，可让学生扮演不同角色，排演小品，模拟法庭或用媒体播放未成年人犯罪录像等来吸引更多学生参与，提高他们的积极性。

第二，活动展开。主题班会不同于一般的群体谈话，也不同于一般的小组讨论，它是一种独特的班主任工作形式和艺术。作为班主任应该不是自己一个人挑起建筑班级大厦的重担，而应善于通过各种途径与形式去发动学生，甚至与其他学科教师一起来添砖加瓦，共同开展好主题班会。班主任在班会活动的过程中始终起着一个组织者、参与者和指导者的作用，其中最重要的就是指导作用。作为组织者，是指班主任根据本班学生最近学习中的思想和行为情况或是通过日常观察、发现了解到的学生所需、所想要讨论的问题确定班会主题，组织学生讨论班会内容和形式；作为参与者，是指班主任在主题活动的展开中要就他与学生共同确定的主题恰当参与、引导，促使讨论或争论朝着健康的方向发展；作为指导者，班主任作用主要体现在班会前的观察、调查研究和对学生筹备工作与设计工作的指导上，体现在班会过程中的启发引导和结束时的归纳总结、指导性评价上，体现在班会后的信息反馈、效果的巩固与提高上。

第三，班会小结。主题班会的小结过程，也是学生最终确定认识、形成自我评价能力的一个重要环节。但值得注意的是，班会并非为求得一个一致答案，有些问题的探讨可能会产生许多不同的观点，教师应当允许“百花齐放”，让学生保留自己的意见。如在一次《春天》作文的评析中某学生写道：“春天并不好，春天细菌繁殖旺盛、蚊虫滋生，还流行感冒”；在一次有关法律的主题班会中，某学生看了一段学生杀害其母亲的录像片后说：“在报道这一事件时，是否有必要把整个作案的细节全部暴露？其目的是渲染其行为残暴，还是引导后来人效仿？”等，对有新意、有见解的独特观点应给予表扬和鼓励，要宽容、善待学生的“异端”，鼓励学生发出充满个性的声音，引导他们树立多思路、多角度、多元化地认识事物的思维方式，千万不能给他们还未丰满的自由的羽翼系上温柔的绑索。教师在做出公正、客观的评定后，还应设计相应的活动，如写反思日记、希望下一次的主题是什么、展示自己思想或行为修正的成果等，让班会有始有终，逐步将学生的自我教育活动引向深入。

如果说上述的“信息技术课”途径是从行动层面上培养学生的自我教育能力，那么“主题班会”就是从意识层面培养学生学会自己用眼观察（并非消极地注视）、用脑思考来认识自己，提高自我评价能力。

理论分析与现实状况总是会产生差距，其中最重要的原因是：并非任何类型的自我意识都必然导致自我教育的出现。唯有能客观公正地、准确地了解、评价自己思想和行为的优缺点的人才能意识到自己与别人或社会要求的差距，从而产生自我教育的愿望；唯有具备相当程度的自我调控能力的人才能将自我教育活动实施到底。那些过高或过低地评价自己的人，自卑或自傲的人，都不可能激发出自我教育的愿望，也不可能确立符合自己实际情况的发展目标及采取相应行动。可见，人类的仅仅具有自我教育的潜在能力，这种潜力能否转化为或在何种程度上转化为现实的能力，关键在于社会环境和教育条件，也就是说学生的自我教育能力并不是自发形成的，而是教育者精心教育培养的结果。

信息时代，知识老化的速度大大加快，“终身学习”由此成为教育所追求的目标。据中国互联网络信息中心（CNNIC）的随机抽样调查结果：中国上网人数达 7950 万人，其中，问题“上网最主要目的是什么？”选择“学习”这一选项的人达 7.9%，问题“经常使用的网络服务/功能”选择“搜索引擎”的人达 61.6%，这表明了我国将会有越来越多的人利用网络进行学习的趋势。在此目标和此潮流的引领下，基础教育领域发生了教育范式的革命："教学范式"到"学习范式"的变革；教育技术领域的范式变革也发生了：从"支持教师的教"到"支持学生的学"。在新范式的挑战和要求下，突破把学生自我教育能力的培养仅仅作为思想品德教育目标的局限，对学生进行与学习过程同步的教育来培养和提高学生学习中的自我教育"能力"是很有必要的，也是可行的。针对上述挑战和要求，本书以"信息技术课"为突破口，从自我教育能力形成的两个关键条件——"教育环境"和"教育方式"入手探讨网络学习中学生自我教育能力的培养问题，并期望这个探讨的最终结果能够为教师在培养学生自我教育能力的实践中提供参考，从而帮助教师反思、提高，尽快适应"自我成长型人才"的培养目标的学习化社会。

第七章 中学生自我教育开展策略

第一节 转变初中教师的教育观念

众所周知，实施中学生自我教育，班主任、年级组长起着关键作用。他们除履行一般教师的职责外，不仅要在具体的教育、组织、指导等诸多方面担负更加繁重的工作，而且还要遇到更多的新情况，解决更多的新问题，面临更高、更新的要求与挑战。由此可见，中学要重视采取有效措施，营造良好氛围，进一步激活班主任、年级组长，提高他们的素质，增强他们开展学生自我教育的德育改革的积极性、主动性和创造性，促使他们与时俱进，适应更新、更高的工作要求。然而，从实施德育改革的角度和初中教师的现状来看，教师自身尚存在一些不足：一是校方（包括学校主要领导和教师）对中学生自我教育的观念和认识不够到位；二是教师（主要指班主任、年级组长，也包括学校管理者）自身的教育管理的科学理论积淀不够到位；三是教师实际操作中学生自我教育的水平不够到位。

一、转变教育观念、提高思想认识，增强教师实施德育改革的自觉性和坚定性

领导的教育思想、观念往往决定其决策的方向和执行的力度，领导的思想认识水平决定其实施政策的水平。所以，中学生自我教育能否得以有效实施，关键在于学校领导。要转变教师的教育观念，提高思想认识，首先必须从领导做起，再要求教师。也只有学校领导和广大教师具有统一的正确观念和认识，上下齐心，才能把实施中学生自我教育的思想和需要变成全校教师的统一意志和自觉行为，才能避免在实践中出现“剃头挑子一头热”的现象。从理论上说，领导和教师要树立素质教育的新理念，摆正素质教育的位置，正确认识实施素质教育与提高升学率的辩证关系；要提高对德育在初中素质教育中的地位和作用的认识，要做到一手抓教学改革，一手抓德育改革，两手都要抓，两手都要硬。教师要做到既教书，又育人；要增进对中学生自我教育在德育改革中的必要性、重要性和科学性的认识。从实际操作上说，学校要重视通过广泛深入的宣传、形式多样的学习、专家的讲座以及教师间的讨论、交流等方式促进教师观念的积极转变、认识的逐步提高；教师则要积极配合学校的要求，自觉参与各项活动来促进自身观念的不断深化与认识的逐步到位，从而最终增强教师实施德育改革的自觉性和坚定性。

二、加强教师培训、增加理论积淀，增强教师实施德育改革的科学性和有效性

没有科学理论指导的教育管理实践不可能高效。只有用一流的教育理论，才能支撑起一流的教育实践。加强初中教师教育和管理理论的学习有助于他们真正树立起现代的教育观，进一步认识和把握教育管理的客观规律，为初中教

育管理实践提供科学的理论依据，克服盲目性、滞后性和无效性，增强工作的预见性、科学性和有效性。实施中学生自我教育的德育改革，对初中教师提出了更新、更高的要求，如果他们不能及时“充电”，丰富现代教育学、管理学，以及教育、管理心理学等方面的理论积淀，在工作中就很容易“穿新鞋，走老路”，就不可能酝酿出真正的新理念，找不到有效的新办法。

调查表明：“在所调查的班主任中，61%之多的教师从未接受过上岗培训；超过 50%的班主任对班级内部的正式群体和非正式群体未做过研究；只有 7.6%的教师对学生较多使用心理疏导；98%的被调查教师认为很有必要学习教育学、心理学、管理学知识。”的确，这反映了许多辛勤忙碌的中学教师的现状。对此，笔者亦有同感，在未参加教育硕士学习前，工作实践只能多凭感觉、经验，缺乏理论指导，对较多新理论未曾涉猎或是一知半解，更不用说应用，然而对理论的学习却有强烈的渴望。经过教育硕士课程的学习以及撰写论文后，笔者感觉自身的教育理论素养得到了不断提高，工作的科学性和有效性明显增强。可见，初中必须切实加强教师的培训，既满足学校自身发展的需要，也满足教师自身发展的需要，从而保证教师的实践能够具有先进的科学理论指导，有创新，有实效。为此，首先，初中要重视建立教师培训机制，经常举办各种形式的培训，创造尽可能多的培训机会，提供必要的学习材料，如集中专题培训、聘请专家讲座、外出培训参观、专题研讨会、经验交流会以及鼓励教师攻读诸如教育硕士学位等；其次，要采取必要的措施，减轻教师日常过重的工作负担，为他们的学习提供时间保证；再次，要投入必要经费，为他们的学习培训提供资金保证；最后，校领导要关心教师成长的心理需要，对他们的教改给予关心、支持和鼓励，以增强他们自主学习、自主提高的积极性。

第二节 强化中学生自我教育引导

一、教师必须加强中学生健康的自我意识的引导教育

自我意识通过对自我的认识、评价与监控，对个体自身的全部心理和行为进行调控，是中学生自我教育的重要基础和起点。诚然，初中阶段，随着中学生身心迅速发展，自我意识亦日趋成熟。但是，相关研究表明，中学生正处于“第二次断乳期”，其自我意识尚未成熟，正处在从幼稚向半成熟过渡的重要时期，半成熟、半幼稚与独立性、依赖性共存，其自我意识的发展容易出现波澜，产生自我意识的障碍。例如，他们看问题时易走极端，产生简单化、理想化、片面化或绝对化；评论人时，易以个人喜好为标准，缺乏理性和客观标准；处理事情时，易意气用事，情绪波动大，缺乏自我克制能力；自我评价要么易自我意识膨胀，高估自己，自以为是，自负心强，要么易低估自己，自我否定，自我压抑，消沉悲观，缺乏自信；遇到困难挫折时，易自暴自弃，怨天尤人，甚至导致自我萎缩，一蹶不振等。这些自我意识障碍都将极大地影响和妨碍中学生的自我教育。

再者，从严格意义上讲，作为中学生进行自我教育的必要基础与起点，自我意识还必须实现向自我教育意识的发展转化，形成积极的、自觉的需要，才能促使自我教育的深入持续发展，而促使这一有效的积极发展转化，离不开教师的引导教育，需要教师的激发。可以说，中学生的自我教育过程也是他们自

我选择、自我实现的过程，“每次选择都有前进与倒退之分。可能有趋向防御、趋向安全、趋向畏缩的运动；但在另一面，也有成长的选择。做出成长的选择而不是畏缩的选择即趋向自我实现的运动”。因此，中学生对自我认识的结果就可能导致两种不同方向的选择：一种是认定自己的现状不如他人，以及这种不如他人的状态是不可改变的，进而产生自卑或退缩的行为（不是为了更好地前进而采取的策略性退缩行为），这显然是消极的，妨碍他们自我完善、自我发展的自我意识；另一种是发现自己的问题后，自信是可以，也是必须改变的，并积极主动地想方设法改变它，这就会导致自我教育、自我管理意识和行为的产生。这显然是有利于他们自我完善、自我发展的积极而又健康的自我意识，也是教师应当注意加强引导和激发的。可见，要引导中学生自我教育，教师必须重视培养他们正确的、积极的自我意识，帮助他们克服成长过程中出现的自我意识障碍，促进积极的自我意识发展，为中学生的自我教育打好基础，开好头。

二、教师必须突出中学生自尊、自信的个性心理品质的培养

自20世纪90年代以来，美国研究人格理论的一个重要观点认为：“人格的基础就是自尊、自信。”中学生自我教育活动的开展既要培养中学生有自尊、自信的品质，也要求有自尊、自信的中学生主体的参与，否则就不可能顺利实施。2023年，教育部等十七部门印发了《全面加强和改进新时代学生心理健康工作专项行动计划（2023—2025年）》，要求培养学生自尊自信、理性平和、乐观向上的心理品质和不懈奋斗、荣辱不惊、百折不挠的意志品质，促进学生思想道德素质、科学文化素质和身心健康素质协调发展。

（一）重视突出中学生自尊的激发和培养

美国著名社会心理学家L.费斯廷格提出的认知不协调理论，在一定程度上揭示了自我意识在调节人的整个心理和行为上的内部机制。这对开展中学生自我教育有积极的指导意义。该理论认为：“人们内心一旦出现认知不协调，就会产生心理紧张和冲突。为了消除这种紧张与冲突，人们就会努力去降低不协调，达到认知平衡，从而改变人的态度和行为。”大量事实研究表明，“人们心理和行为中的认知不协调多数是和自尊心有关联”。通常，一个自尊心强烈的人，其自尊心坚定，行为不易波动而发生大的偏差，在遇到不良诱惑或做出不道德的行为时，往往会立刻产生最大的不协调体验，因此而拒绝诱惑，拒做坏事或者自觉改邪归正，以保持自身的认知协调。相反，缺乏自尊或自我意识严重受挫的人，在恶意萌生或干违法、缺德事时，其行为与其自身原有的自我观念通常是协调的或者只会产生极低的不协调体验，因此不会有紧张和冲突心理，这样就容易受到不良诱惑的控制，导致不良行为。而每一次不良行为都会降低其本已低微的自尊心，直至最后丧失殆尽，自我意识极度萎缩，最终自暴自弃。心理学研究表明，随着中学生身心的迅速发展，他们自尊的需要日益强烈，即使是具有自卑心理的学生，在他们内心深处也同样具有强烈的自尊欲望，只是被深藏或压抑罢了。一个学生的自尊如果得不到有效激发，或是受到了挫伤，或是畸形发展，他就不可能有积极的上进心，相反还会产生自暴自弃或抗拒、逆反的心理，而变得难以管教，心理品质发展出现了偏差，人格扭曲，更谈不上正确的自我教育了。由此可见，中学生的自尊心对其人格和行为具有重要的调控作用，初中要有效实施学生自我教育就必须注意爱护他们的自尊心，重视激发和培养他们积极的、健康的自尊心理。

（二）重视突出中学生自信的激发和培养

“学生的素质发展包含着人格因素和认知因素的发展。而人格因素中又有协调性品质（谦虚、忍让等）和进取性品质（自信、进取等）之分，而进取性品质是学生素质发展的动因。”自信作为进取性的品质是对自我肯定的相对稳定的心理品质，是成功的阶梯，是驱动自我进步的原动力。正如上文所述，在自我意识向自我教育意识的发展转化、形成积极需要的过程中，充满自信能激发积极、主动的自我完善、自我发展的自我意识，而缺乏信心，则会导致消极的退缩性的自我意识，前者对自我教育具有积极的促进作用，后者则会起消极的抑制作用。可以说，中学生要找到自信感，一半靠自己，一半靠别人。实践证明，充满自尊、自信能促成自我满意、喜爱、积极、肯定的情感，推动中学生自我教育的成功；反之，只能促成自卑、消极、否定的情感，妨碍他们自我教育的进行。但是，自尊、自信并非与生俱来。因此，在引导中学生自我教育时，教师要充分重视他们自尊、自信的道德情感培养，采取切实的措施，如热爱学生、尊重学生、理解学生、信任学生、关怀心理、表扬激励、体验成功、发扬民主、寄予期望等，激发和维护他们的自尊心，增强他们对自身的热爱、肯定，培养自信，形成积极向上的健康心理态势，从而有利于加大他们自尊心与自身不良行为之间的矛盾，以充分发挥自我意识对自我行为的调控功能，科学地促进他们自我教育主动性的发挥，提高实效。

第三节 改进中学生干部队伍建设

一、中学班级核心队伍建设存在的主要不足

学生干部是班级的核心队伍。在中学，要促使班级全体学生积极、主动地参与自我教育的实践活动，使之有效地实施，班级核心队伍建设至关重要。班干部源于学生，在中学生自我教育中，却具有双重身份。一方面，他们是学生——班级的普通成员，履行普通学生的权利与义务；另一方面，他们又是干部——班级的“特殊”成员，承担组织者和领导者的权利和义务。这种双重身份使他们发挥着不同于一般学生，也不同于班主任的特殊作用。他们不仅是师生之间的“桥梁”和“纽带”，更是班级的骨干与核心，有着不可替代的巨大潜在作用。然而，从目前初中班级核心队伍的建设来看，尚有以下主要不足。

（一）中学生干部选拔不能面向全体，民主竞选缺乏力度

班主任或是由于对中学生中所蕴藏的自我教育的潜力缺乏认识，或是为保证班级工作暂时的效果，或是为省去指导、培养新干部的麻烦，往往喜欢选择班级中那些少数的“年轻老干部”，并主要依托他们开展工作，而忽视了班级内其他大多数学生参与和组织班级教育管理活动的积极性，未能为他们创造和提供必要的机会。在干部的选任和管理上，“教师任命制”“干部终身制”，甚至“人情干部”的现象在初中都不同程度地存在。笔者对中学生的一项问卷调

查发现，在被调查的学生中有 41.7%的学生有当干部的愿望，而且对当好“干部”有自信；有 96.5%的学生赞成民主竞选学生干部的方式；只有 54.3%的学生对本班级目前的学生干部产生方式满意或基本满意。

（二）“以会代训”，中学生干部缺乏规范系统培训，教师指导缺乏力度

由于种种原因，目前中学在学生干部培养和使用上不同程度地存在不足：一是习惯采用“以会代训”。即主要以开会宣讲、就事论事、任务布置来代替规范系统的培训。二是重干部使用、轻指导培训。即班主任满足学生干部忙于完成日常任务，误认为学生干部已经表现好、素质高，且“工作经验”丰富，已能胜任，无须再单独指导培训。三是指导培训简单粗糙层次低，缺乏系统性、全面性和针对性。即虽对学生干部提供了培训指导，但属零敲碎打的、班级层次的多，缺乏学校正规系统性；属理论灌输的方式多，缺乏案例指导、讨论交流和实践锻炼；属内容单一的多，缺乏从思想、作风、心理、方法和经验交流等全面、系统内容的培训。四是重起始培训，轻过程跟踪。即在对学生干部的培训结束后，想当然地认为可一劳永逸，容易忽视跟踪指导。以上不足严重地妨碍了中学生自我教育的有效实施。它们不仅抑制了广大中学生作为班级主人参与活动组织、管理的积极性，致使许多同学得不到应有的锻炼机会，而且中学生干部原有参差不齐的素质难以得到整体的有效提高，他们凭“老经验”工作，在“老干部”遇到“新问题”时，缺乏创新，还容易出现工作后劲不足的问题。

由此可见，中学生干部的选拔任用机制必须改革，培训指导工作必须加强，只有这样才能进一步优化班级核心队伍的建设，充分发挥学生干部在中学生自

我教育中的中坚力量。

二、加强和改进初中班级核心队伍建设的措施

（一）改革中学生干部的选拔任用机制

1. 建立公开、公平、公正的中学生干部民主竞选制度

重视建立中学生干部竞选制度。中学生干部竞选制度有利于调动广大中学生自我教育的积极性，为更多中学生创造平等接受锻炼和教育的机会，有利于选拔出真正受同学欢迎和公认的干部。据笔者的实践观察，民主竞选出的中学生干部，往往更具热情、朝气、活力和责任感，群众基础好，同学关系融洽，能更有效地发挥他们在自我教育中的组织者和领导者的作用。而且，民主竞选不仅是选拔干部的手段，同时还是中学生进行自我教育的有效形式，有利于培养他们的民主意识、公平竞争意识和能上能下意识，增强自信，锻炼勇气、胆量和能力，培养抗挫能力。

建立规范科学的竞选制度。中学生干部竞选需要有规范科学的操作才能形成有效的制度。笔者在实践中试建立了公开、公平、公正的“联推竞选”制度，即志愿报名、联名推荐、民主竞选。具体来说，公开拟将选拔的职位、人数、条件和要求，学生可自主报名参与竞选，但申请时必须有 10 名（具体人数可视情况灵活变化）以上的同学签名同意推荐；在通过资格审查后，公布符合资格的申报竞选人员名单，然后竞选人准备竞选演说词；举行“联推竞选”会。要定期举行“联推竞选”，形成制度，打破“终身制”，为更多中学生创造更多的激励机会，培养他们能上能下的民主意识。

定期的时间可根据不同岗位和具体情况设置，既考虑灵活性，又考虑科学

性。此外，一定要注意做好参选者的思想和心理引导工作。笔者在实践中发现，尽管有些竞选候选人在教师看来很合适，自我信心十足，但实际却落选了，因此在深感民主竞选带来活力的同时，也深感竞选带来的压力和“残酷”。为保护广大参选而落选的同学的积极性，一方面，教师在竞选前要让参选的同学明白竞争残酷、可能失败，要有承受可能挫折与失败的心理准备；另一方面，在竞选之后，也就是“落选者”心理压力最大的时候，必须注意与他们进行沟通，做好肯定和鼓励工作，引导其积极健康的心理情绪，防止他们从积极走向消极。实践证明，这种引导工作在竞选机制中不仅必要，而且有效。

“联推竞选”中学生干部具有“从学生中来，受学生欢迎”的优点。“联推”体现了其群众基础性，“竞选”体现了其竞争性与民主性，程序公开、公平、公正，结果受广大学生的欢迎，效果好。通过调查笔者所在学校的 280 名中学生发现，96.6%的学生对“联推竞选”持肯定态度。实践表明，该制度在初中竞选主要干部时，效果好，如在班级范围内，操作手续可简化，但必须以保证其公开、公平、公正性为前提。总之，“联推竞选”只是建设公开、公平、公正的中学生干部竞选制度中的一种实践尝试，当然还有更多的形式，也有新的变化，但是它们所体现的精神实质则必须是相同不变的。

2. 推行中学生干部轮换或班委轮值制

重视中学生干部轮换或班委轮值制在中学生自我教育中的积极作用。中学生干部轮换制也称“轮流制”，可理解为民主选举班干部，定期全员换届的班级学生干部选用制度。初中班委轮值制则可理解为：结合班级的具体情况，在同一班级中成立多个班委会，把尽可能多的班级成员吸纳到各个班委会中（最好能把所有的学生都纳入各个班委会中去），每个班委会都设置班长、副班长和各种职能委员，各个班委会平行设立，没有相互隶属的关系，各位班长在班级中地位等同，在班主任的协调和指导下开展班委会工作，也没有相互隶属的关系。两者尽管存有差别，但精神主旨相同，所蕴含的实质对我们有积极的启发意义，它们的成功实施对中学生自我教育具有重要作用。

首先，它们最重要的优势是使初中班级的教育管理面向全体学生，为最多的中学生创造最多的锻炼机会。其次，它们是促进中学生自我教育的有效途径。自我教育不仅要促进外在要求内化为个体的主体意识与自觉要求，同时要促进这种内化了的意识和要求外化为个体的自觉行为。从心理学角度来看，该过程必须有内化与外化两次转化。担任学生干部为中学生实现该过程创造了催化的平台。学生担任干部本身就受到一种外在的要求，正如“打铁还需自身硬”，要求别人做到的自己必须先做到，要管好别人必须先管好自己。此外，他们在履行职责过程的同时，也是不断进行自我认识、自我评价、自我调控、自我完善的内化与外化相互转化的过程，能有效促进自身的自我教育。心理学认为：“学生在班级中充当过的角色越多，他和集体的联系就越巩固，他接受的教育就越全面，他的个性发展也就越健全。”因此，让更多中学生接受干部角色的体验具有十分积极的意义。最后，它们可转以往“少数干部主动，多数学生被动”为“人人当干部，人人都主动”，全面调动积极性；改以往“老面孔、老职位、老思路、老办法”为“新面孔、新职位、新思路、新办法”，不断注入新活力；变以往“多挑剔”为“多支持”，有效优化干部工作氛围。总之，它们“在满足中学生自尊和自我表现的心理需要方面有不可低估的优越性，可以充分调动班级整体在班集体建设方面的积极性，与常规的班委会体制相比，在极大程度上集结了全体同学的聪明才智，使班级的各项工作得以在高效率中展开”。

重视中学生干部轮流或班委轮值制在实践中的进一步探索、完善与推行。《中国教育报》曾整版刊载了数篇有关各地学校让学生轮流担任班干部的通讯文章，并对此项改革尝试给予了积极的肯定。对此，许多教育工作者，包括魏书生等，也进行过有益的实践与探索，摸索和总结了许多有效方法，对我们的继续实践具有启发和借鉴意义。

3. 建立动态变化的班（团）角色分配制度

近年来，笔者所在中学在开展中学生自我教育活动的过程中还尝试实践了动态变化的班（团）角色分配制度。该制度主要基于面向全体学生，通过承担责任、参与管理和角色体验的积极作用来促进中学生的自我教育，取得一定成效。该制度的建立主要有：丰富班级管理角色。丰富班级管理角色的直接目的是让更多中学生在集体中承担责任、服务集体、体验角色而创造条件。它能提高学生的班级管理参与度，全面激发班级学生个体自我发展的积极性，使他们通过担任一定的管理者角色来促进自身自我教育能力的锻炼和提高。丰富班级管理角色还可以满足中学生发展的内在需要。丰富班级管理角色主要是：增设岗位、减少兼职、一岗多人。

在操作上，首先，我们将班级常规管理工作分解为五类三十项，每位学生分管一项，每组两位学生负责，班级再设总负责。其次，根据具体情况进行定期或不定期轮岗。这样就可以创造一个人人有事做、事事有人管的生动活泼、自主发展的全员管理格局。最后，角色的动态分配制。角色的动态分配制主要体现在四个方面：一是班级每个岗位，尤其是主要岗位定期轮换。如团干，每学年改选一次，改选中原来的干部要经过全班团员的考核，留任的不超过一半，让更多的团员得到锻炼。二是每个岗位中，双人或多人轮换。三是让部分学生干部暂时休岗，组成班级参谋顾问团，履行对班级管理的监督，这不仅能让更多同学得到锻炼，又能继续发挥他们的重要作用。四是不同层级之间动态分布。如团委、学生会干部要竞选上岗，参加竞选的可以是班级干部，也可以是普通学生，落岗的可在下一层级竞选班委、团支委，培养他们能上能下的意识。实践表明，班级角色丰富化和分配动态化虽然只是组织结构上的改革，但却能给班级带来活力。中学生参与管理、主动协调的意识和能力普遍提高，参与活动的积极性、责任感与自信心都得到增强。班级原先只有少数班委在努力，如今却是人人在努力，充满流动的自我教育的勃勃生气。

（二）完善学生干部的培训指导机制

针对以上中学生干部培训指导方面存在的不足，通过实践，笔者认为可以采取以下措施进一步完善中学生干部培训指导机制的建设。

1. 建立班级、学校两级培训制度

在实践中，一方面，如果实行中学生干部轮流或班委会轮值制以及动态变化的班（团）角色分配制，担任干部角色的学生必然量增多、面扩大；另一方面，学生干部本身又有班级主要干部和一般干部，校级干部（往往同时是班级主要干部）和班级干部之分。这些给指导培训工作带来了一定的压力和困难。中学生干部培训实行班、校两级培训指导既能照顾面，又能突出重点。其要求是：班主任承担各自班级的干部，学校承担各班主要干部和校级干部的培训指导，两级包干，优势互补。这样不仅可使不同层级的学生干部都得到指导培训，还可以在既扩大培训范围，又保证基础培训的同时，使中学班级核心队伍的骨干力量得到重点的培训，切实加大培训指导的力度。在实行“两级”培训过程中，为提高培训的针对性，保证层次性的需要，培训形式应当有所侧重。班级培训形式应侧重小规模的、灵活的、具体的、日常的指导，校级培训形式应当侧重集中的、定期的、正规的、系统的指导。

2.加强校级培训指导工作

从客观来说，初中班级主要干部和校级干部是中学生班级核心队伍的核心，其作用巨大而特殊。校级培训面向的是各班主要干部和校级干部，因此，笔者认为，校方在要求班主任抓好班级培训的同时，必须突出加强校级培训，落实好以下工作。

首先，抓上岗培训指导，铺垫基础。学校可在新学年开始且基本稳定后，集中人员和时间举办主要中学生干部培训班，对新上岗的干部集中进行正规系统的培训，内容要系统、全面。此外，还可利用一些他们所了解的事例，引导他们就将如何当好干部，开展科学管理，依法治班等进行思考、讨论、交流和小结汇报。每期培训班最好配上一次由培训班学员自主设计、组织和开展的实践活动，并在活动结束后，进行自主分析和总结。这既可检验他们接受培训的效果，也可锻炼实践能力，增强干部的体验。笔者通过实践发现，搞好初中学生干部上岗培训，能使他们获得充实、启迪和提高，改变“以会代训”的不足，有效改善和提高初中学生干部整体参差不齐的素质，为中学生自我教育的开展，注入活力，带来生机。

其次，抓阶段深化指导，再添活力。在中学生自我教育开展到一定阶段后，学校可开办初中学生干训提高班。它不同于上岗培训班，主要针对学生干部在实践中遇到的实际困难和问题，交流经验与教训，探讨解决问题的新思路、新办法，为他们的继续努力加油，以促进阶段深化指导。为保证针对性，在开班前，要做两项准备工作：一是在班级和学生干部中进行调查，为指导工作提供事实依据。通过掌握来自基层的第一手资料，教师明确指导方向，提高指导的针对性。二是要求以班级为单位分析总结一个成功或失败的案例，供讨论和交流。实践证明，干训提高班有利于增强初中学生干部战胜困难的信心，激发继续实践与创新的热情和勇气，帮助他们进一步明晰今后工作的思路和努力方向，可谓高速公路上的“服务站”。

最后，抓阶段经验总结，促进发展。有总结，才有提高。深化中学生自我教育的关键之一就是教师要善于引导他们不断向更高层次迈进。经验总结交流是达到该目标的有效载体。中学生，作为具备了感性认识的实践者，通过及时反思、内省、比较、总结和交流往往能充实提高自我，主动提出更高目标，向自我教育的更高层次迈进。因此，教师要重视引导他们阶段性总结，及时总结活动中的收获与体会，存在的问题与不足，引导他们将活动中的新认识和被激发的热情进行强化与升华，并通过举办经验交流会加以激励、推广和促进。实践证明，经验总结交流的确有效，它不仅能促进实践者自身感性认识与理性认识的内化和提高，也能促进学生互相交流、学习，共同进步，有效激发中学生不断追求更高发展层次的热情。中学生自我教育的意识、能力和层次必将在“理论—实践—总结”过程中得以持续提高。

3. 建立中学生干部培养的跟踪指导机制

中学生干部的培养不可能通过一两次集中培训就能一劳永逸，还要“扶上马、送一程”。因此，还要重视建立中学生干部培养的跟踪指导机制，以加强培训之后和之外的跟踪指导。该机制不同于干训班，它重在对学生干部日常具体实践的指导，发挥干部间的平行指导作用，重视促进他们的素质全面协调发展。它的建立和完善有利于保证原有培训效果的延续和深化，提高教师指导的针对性、及时性和有效性，不断激发中学生干部的积极性、主动性和创造性，克服“重起始培训，轻过程跟踪”的不足。

第一，学生干部工作汇报。它主要是学生干部定期和不定期向学校管理者或班主任汇报班级工作情况以及遇到的问题和困难，使教师能及时了解他们工作的新进展，掌握中学生自我教育的新动向，增进教师与学生干部间的沟通，同时获取必要的指导和启迪。工作汇报可分为班级范围和年段范围。前者可由班主任负责主持，时间可定期或不定期，视具体情况灵活决定；后者可由学校管理者和年级组长负责主持，必要时班主任可列席，时间一般要定期，可在期中后和期末前。一般不搞全校性的集中汇报，以免因涉及范围过大、汇报时间过长，而影响指导工作的针对性和实效性。

第二，主题活动观摩学习。它主要是组织学生干部通过参与同年级或不同年级开展的主题活动的现场观摩，或是组织观看以往优秀主题活动的录像，使他们在直观、生动的观摩学习中增强感性认识，获得借鉴和启迪，同时使被观摩的班级干部和同学得到激励。该方法具有体验真切、针对性强、指导效果好、激励作用大的特点。它不仅能使教师的显性指导作用与学生干部间隐性的平行指导作用有机结合，而且能使他人指导与自身领悟得到有机结合，有利于提高实践指导的效果，激励他们今后的实践创新。现场观摩学习对于组织者本身可化压力为动力，集中集体智慧和力量，努力做得最好，展现风采，有积极的激励作用，而且这也是进行中学生自我教育锻炼的很好过程。

第三，学生干部工作交流。它主要是班干部通过年级、班级间的横向交流和年级间的纵向交流，为学生干部间的相互学习、促进和不断提高创造机会，发挥他们彼此的平行指导作用。实践表明，年级间的交流由高年级优秀学生干部代表或有代表性的先进班集体，对低年级的或新年级进行指导交流，效果较好。交流要针对实际需要，选好交流主题，避免宽泛。此外，还可通过“走出去、请进来”的方式，加强和促进初中学生干部校际的交流。

最后，民主评议学生干部。它主要是教师通过班级学生民主测评或是学生座谈的方式对学生干部的思想、表现、学业、作风、态度、业绩等方面进行评议或调查，通过及时反馈、沟通，做好监控与教育引导工作。民主评议学生干部有利于对他们工作能力、业绩外的思想、学习、作风和心理等进行全面了解、监控与指导，既可保证他们品学兼优、各方面能力和素质能全面、健康、协调地发展，又可保证优秀学生干部群体能对班级其他学生，以至班风、学风、校风的形成与发展产生潜移默化的积极影响和示范作用。

第四节 加大中学生自主活动力度

中学生自我教育实施的关键环节在于活动，特别是要通过中学生的自主活动，让他们真正成为活动的主人。因此，班主任要重视贯彻好活动性原则，加强和完善以下方面的工作，进一步加大中学生自主活动的广度和力度。

一、自主设计主持主题班（团）会

主题班（团）会属于针对性极强的集体性教育活动，是中学生自我教育的一种直接、有效的自主活动形式，必须引起充分重视，得到切实加强和落实。班主任必须重视发挥中学生主体的作用，引导他们自主设计主持主题班（团）会，让他们成为主人。中学生自主主题班（团）会要做到学生轮流承担主持、自主选题、自主设计、自主实施和自主小结。在具体操作上，承担主持可采用班委、团支委轮流或联合承担的形式；自主选题必须选好题。选好题是活动成功的一半，因此，班主任要善于引导班级学生从本班的现状和学生的实际出发，从班集体和自身成长的需要出发，结合社会热点，考虑学生兴趣，贴近学生思想，扣紧身边的人和事选好主题。自主设计、自主实施是班级学生锻炼活动组织能力的重要环节，要鼓励他们大胆创新组织的方式，提高组织过程的科学性和艺术性，使活动过程生动、活泼、有效；自主小结是班级学生确定认识、形成自我评价能力的重要环节。在探讨中，要鼓励争鸣辩论，各抒己见，百花齐放；在自主小结时，则要有正确的导向和明确的提倡，班主任或是学校领导此时可以恰当参与，发挥权威的影响作用。但是，不管怎样，应该允许个人保留观点和意见，绝不能强加。对此，班主任关键是要做好会后的个别疏导工作。在中学生自主设计主持主题班（团）会的过程中，班主任关键在于提供好幕后的服务与支持，做到积极引导、恰当参与、及时疏导。

二、班（团）日常管理教育自主化

班（团）日常管理教育自主化是实施中学生自我教育的一个重要方面。可以说，其在多大程度上得到有效实施，基本可反映出教师在多大程度上把班级还给学生。要有效实施中学生自我教育就必须“把班级还给学生”，提高中学生的班（团）日常管理教育的自主化程度和水平，而不能仅局限于主题班会或是几项活动。为此，班（团）常规的管理教育工作，活动计划的制订、实施、检查和总结等应逐步实现由中学生自己来承担，让他们充分发表意见、积极提出建议、集中集体智慧和力量、形成统一意志、齐心协力付诸实施。但是，中学班（团）日常管理教育工作可谓千头万绪，如果没有科学的方法是绝不可能从根本上提高中学生的班（团）日常管理教育的自主化程度和水平的。

班级学生的自主化不是随意化，更不是盲目化，必须是在有计划、有制度、有规范的基础上的自主化。中学生自主化程度和水平提高的关键基础是要有科学性和可操作性。因此，魏书生强调班主任首先要注意引导他们建立“班级计划立法系统、检查监督系统和反馈系统”，从而保证中学生自我教育和班级自我管理的常规工作与活动能走上科学化、制度化的轨道。对此，魏书生的班级管理实践经验很值得借鉴。笔者在工作中也曾尝试制定实施了《班级学生自我管理细目》和《团支部常规工作要求》。实践证明，它们能使学校的班（团）常规管理教育更加规范、有序，为中学生的自主化管理提供可操作性的依据。另外，要注意鼓励中学生发挥创造性，在具体的操作形式和方法上不断加以创新，以促进他们自主化管理水平的提高。

三、主题活动自主参与、自主组织

主题教育是初中德育不可或缺的实施载体，是自我教育的重要核心环节和层次提升的必需。因此，除了学校要求班级必须参与的主题教育活动外，班主任还要注意引导和鼓励班级学生自主参与、自主组织校内外的主题活动，以增强他们的体验。如社会调查、参观访问、爱心助学、郊游等。首先，他们可以根据本班的需要，自主选择活动的内容、形式，然后自主设计活动方案，实施活动。以我校某班级曾组织的“旅游景区环境保护的调查与服务”社会实践活动为例，学生自己制订出详细的活动实施计划，有活动目的、内容、形式和要求，有总指挥协调、后勤、联络、安全、宣传等方面的分工，有分组，有负责人，做到既相互独立，又相互联系，组织可谓严密。通过活动，不仅用自己的实际行动净化了景区，而且还通过自己的亲身体验与感受增强了环保意识，同时通过调查，对加强景区环保提出了自己有益的建议，取得了很好的自我教育效果。再如，班级的爱心助学活动，不仅为贫困生撑起了一片希望的蓝天，也为培养班级学生奉献爱心、关心他人的品质，同时学习贫困生自强不息、逆境成才的精神，形成新型的人际关系创造了很好的自我教育机会。这些活动有利于加大中学生自主活动的广度和力度，使他们接受更多的实践锻炼和情感体验，促进中学生自我教育的深化。此外，学校除了统一规定的活动外，还应该开展可供班级自主选择参与的活动，进一步加大部分学生自主活动的广度和力度，满足不同班级开展自我教育不同发展水平层次的需要。例如，在中学开展净化考风的“考试无人监考”主题教育活动。学校可以向班级发出倡议，但不能硬性要求班级参加，各班级则可根据本班的情况和需要，民主讨论决定是否向校方提出申请。在申请获得批准后，可由班级根据校方要求自主设计操作方案。

第五节 优化中学生评价工作模式

中学生自我教育能否有效深化的另一关键在于能否有效地激励和促进中学生在不同的层次上都有不断的新发展。科学、正确的评价工作是有效激励的保证。从理论上讲，对学生的评价应该尽量做到客观、公正和全面，但是，在实际操作过程中，中学教师主观上往往会被学生的学业成绩优劣、是否听话所左右，并以此为主要的评价标准，容易导致评价学生的片面性和主观性。传统的初中评价学生工作往往还存在评价周期长、评价面窄、评价主体单一、教师评价多用赞美的不足，不利于激励作用的有效发挥，因此必须进一步改进初中评价学生的方式，以便更好地服务和促进中学生自我教育的开展。

一、设置和运用三维评价方式

班级在保持总体的、一般的全班横向比较的评价的同时，可以增加单项横向比较和个体发展比较两个评价维度，形成三维的评价方式，使全班学生能够从不同角度、在不同层面得到更多、更客观的评价，以弥补单维评价标准带来的消极影响，让激励的阳光照到班级每个成员，使大家能在“东方不亮、西方亮”“此处不亮、彼处亮”的氛围中，感受到成功与进步。例如，班级可以设立“班级群星栏”，根据需要可灵活分成几块内容，定期更换，努力把每个学生的特长和进步全面、及时地展现出来，并给予肯定的评价；设立“成长园地”，记录和反映班级学生成长过程中超越自我、超越他人的亮点，让班级成员在超越他人与超越自我的比较中得到激励。应该说，实践中具体的运作方法有很多，但是，最重要的是班主任要重视和加强这方面的工作，努力发挥三维评价，甚至是多维评价不同的导向功能，逐步激发更多学生的积极性，同时也加深班主任和学生对每个班级成员的优点和进步的了解，使大家的闪光点都能客观、及时地被发现和评价，获得应有的肯定与激励。

二、缩短评价周期，扩大激励面

初中生对自己行为的调控需要外部评价的指导，他们自我调控的意识也需要外部评价来强化。因此，缩短评价周期、扩大激励面是很有必要的。在初中，班级除开展与往常一样的如评三好生、优秀团员等周期较长、激励方面有限的评价活动外，还应增加班级评价的次数，如有的可以是一事一评，有的可以是一周一评；同时，注意增加评价活动的内容，扩大激励的面。例如，通过增设激励奖项，如班（团）工作积极分子、爱心助学先进个人、班级“十佳干部”“进步新人奖”等，以及适当增加奖项的人数，让更多的学生得到更多的评价和激励。在增设奖项方面，笔者认为：首先，学校和班级可进行协调，将一些奖项纳入学校级别，提高档次，如我校常年坚持开展“爱心助学”主题活动，校团委就将“爱心助学先进个人”的评选纳入校级奖励；其次，学校设置的奖项还可以分层次，如我校在评选“十佳学生”时，就设有校级、年级和班级三个层次。经常性的、多样性的评价，不仅能促使中学生反思和确立新目标的次数增加，有助于逐渐养成他们自觉反思的习惯，还能比较及时地反映出班级群体面貌的变化状态，使更多的班级成员不断感受到成长的新变化。

三、形成多重主体的评价调控机制

中学生评价调控机制具有多重性，最基础性的层次应是他们的自我评价与调控。例如，通过要求学生写周记、作文等方式对自我行为做评价，提出进一步打算。在此方面，笔者觉得魏书生采用的让犯错误的学生写“说明书”和写“心理病历”的方法有利于促进中学生自我教育，值得借鉴。第二层次的评价是小群体内的互评。对班级和个体某些行为和现象进行评价（有好的表扬和差的批评），这类评价应尽量对事不对人，重在引起人们的注意和反思，做到“有则改之无则加勉”，这样有利于起到小群体内自我教育和调控的作用，同时，也有利于形成相互学习、批评与自我批评的健康氛围。第三层次的评价是班集体。在初中，主要以班级工作周记录、班级信箱、学生座谈等民主方式获取班级和学生发展中的情况，而后通过全班性讨论或主题班（团）会进行集体性的评价，明确班级的长处和问题，寻找进一步发展的目标与措施。这样有利于形成班集体的正确舆论，有利于形成有力的班集体自我教育力量。

四、多用鼓励而非赞美的评价

赞美“是一种以学生成绩为依据的判断。它只是承认学生的发展和所取得的成绩，但却不对学生的行为作出判断”的评价。鼓励“是对学生发展与所取得成绩的认同，并在学生自信、自主与合作的情境中加以表扬”的评价。前者往往会让中学生认为只有自己的行为取悦于教师时，才会得到教师的赞美，自己才有价值；相反，自己的行为无法取悦教师时，就容易怀疑自我价值。这会导致中学生的自我价值感过于依赖教师的判断评价，而不是自己对自我发展或完善所取得成绩的满意度，最终会导致学生成年后的自我价值感过度依赖他人的情感体验，不利于中学生进行自我教育。赞美的评价尽管出自教师的善意，有激励作用，也能控制中学生的行为，但却是一种判断和操纵，不利于中学生掌握自己的发展，会极大地影响他们良好自我感觉的形成，不利于独立自主人格的培养。相反，后者则会让中学生感到确实是自己做得好而受到肯定评价。例如，在对一个好学生评价时，赞美的评价是“你是一个优秀的学生”，而鼓励的评价则是“你实际上很喜欢学习，你的能力在不断发展，你的所有努力都有了收获”。理论和实践都证明，鼓励的评价更能使中学生形成良好的自我感觉、独立的自我价值感以及合作精神和集体观念，有效促进他们自我教育、自我管理的发展。然而，在实际中，初中教师往往倾向于用赞美的评价。因此，班主任要重视鼓励评价的作用，加强研究，在实践中努力多用鼓励而非赞美的评价。加强自我教育，对开发人类智慧和创造潜能，培养良好的非智力因素，促进智力因素和非智力因素的协同发展，都具有十分重大的作用。初中阶段是学生自我意识蓬勃发展的时期，在这一阶段加强对学生自我教育的关注和引导是十分重要且有益的。中学生自我教育的研究和推进，有利于初中学校教育更好地内化成学生的自我教育，从而推动初中教育改革的深入开展。

本书立足于理论结合实际探讨中学生自我教育的研究。

首先，在理论层面上，探讨了自我教育的内涵、基本特征和功能，阐述了中学生自我教育、自我管理的理论依据、意义和必要性，可进一步帮助教育者更加科学、全面和准确地理解自我教育理论，增强教育者对其意义和必要性的认识，为初中学校开展学生自我教育提供原则指导。

其次，在实践层面上，本书重点调查了初中学生自我教育现状，分析了存在的问题和原因，探讨了一些中学生自我教育的做法和措施，可促进自我教育理论与初中德育改革实践更加紧密结合，使初中教师能进一步明确开展好中学生自我教育实践的有效方法与途径，也为当前和今后的探索与实践提供有益的借鉴和启示。由于学识、精力等原因，本书对中学生自我教育的问题和原因的挖掘，还仅限于宏观的层面，对于中学生自我教育的有效策略也只涉及皮毛，这些都有待于进一步研究和探索。

自我教育不同于其他教育的最大区别在于自我教育源于人的本性，基于人的本性，又归于人的本性。这里，时刻变革着的自我本着最至高、至上的境界透露出它在客观世界与主观世界矛盾之间存在的永恒与不朽。时而是人们熟知的，时而又进化成人们陌生的。但是贯穿所有自我教育理论，总会发现对自我教育本身的诠释是历代研究者命中注定的天职。正是他们的不断探索与追寻才赋予了自我教育不断变革的灵魂，使得自我教育一次次地脱胎换骨。也就在自我迈进这类群体的圣坛时，开始体会到了自我生命与事业的联系。于是，渐渐理解了凝结在先驱们心中最初的想法。就在点燃彼岸烽火的途中，自我的超然使个人慢慢从传统的本我束缚下解放出来。使得初中的学生在自我意识蓬勃涌出的重要阶段，我们能够时刻履行好自己的责任与义务，为祖国的新一代书写出美好的未来，在推进自我教育发展的同时，贯彻于自我本性的理念。

展望未来，自我教育必将在人的发展中起着越来越重要的作用。教育在促进人的发展的历史进程中始终肩负着崇高的历史使命和艰巨的任务，这也正是广大教育工作者为之孜孜以求、不懈努力的辉煌事业。未来的教育必将是“自我”的教育，这是历史的必然，也是时代的呼唤。作为教育工作者，我们必须顺应时代发展的需要，把握教育的真正内涵，把引导学生掌握知识与引导学生自我教育统一起来，培养中学生的自我教育能力，使其得到全面发展。

参考文献

[1] 邓远萍. 人的现代化视域下中国大学生自我教育研究[M]. 北京：中国社会科学出版社，2022.

[2] 黄泰山，贺乐凡，周韫玉. 自我教育：教育的至高境界[M]. 北京：北京师范大学出版社，2012.

[3] 冉乃彦. 家庭中的自我教育[M]. 太原：山西教育出版社，2015.

[4] 蒋自立. 蒋自立与自我教育[M]. 济南：山东文艺出版社，2011.

[5] 王建峰. 语文文本解读的自我教育品格[M]. 北京：中国社会科学出版社，2019.

[6] 翰图. 漫画中小学生自我管理[M]. 广州：广东人民出版社，2023.

[7] 学生生命与心理教育指导小组. 学生的生命与自我教育[M]. 沈阳：辽海出版社，2011.

[8] 钱理群. 写在中小学教育的边缘[M]. 上海：东方出版中心，2020.

[9] 梁惠燕. 中小学教育科研的N个问题[M]. 广州：广东高等教育出版社，2014.

[10] 七十三. 中小学教育心理学[M]. 北京：北京师范大学出版社，2017.

[11] 蒋泓洁. 中小学教育科学研究方法[M]. 北京：北京师范大学出版社，2010.

[12] 张丰. 从问题到建议——中小学教育研究行动指南[M]. 北京：教育

科学出版社，2013.

[13] 段海峰. 中小学教育法热点问题研究[M]. 北京：中国社会科学出版社，2015.

[14] 荣艳红，胡捷敏，等. 瞧！美国中小学教育有绝招[M]. 北京：科学出版社，2019.

[15] 仇立岗. 信息化视角下的中小学教育探索[M]. 合肥：安徽师范大学出版社，2021.

[16] 严凤平，吕庆燕. 中学生心理困惑 100 问[M]. 南昌：江西教育出版社，2020.

[17] 舒闻铭，徐伟，李刚英. 中考生心理减压（家长、教师版）[M]. 北京：中国经济出版社，2011.

[18] 梁斌. 中学生心理辅导[M]. 北京：科学出版社，2022.

[19] 姜淑梅. 中学生心理辅导[M]. 北京：清华大学出版社，2020.